大乗仏教のこころ

平川 彰

大法輪閣

大乗仏教のこころ　目次

装幀：山本太郎

大乗仏教のこころ

第一回　大乗仏教

大乗仏教とは

大乗《だいじょう》は、大きい乗り物ということで、一切衆生を救うという意味が含まれています。賢い人も愚かな人も救われる教えで、昔から自力門・他力門と申しますが、自分の力で修行して覚りを得る教えと同時に、信ずることによって救われる教えがあります。

大乗仏教がインドに興ったのは紀元前一世紀ごろです。インドには史料がありませんのではっきりはわかりませんが、紀元後二世紀の一五〇年ぐらいに、二人のお坊さんが中国の長安にやってきて経典を翻訳しています。支婁迦讖《しるかせん》という人は、当時北インドにあった大国、大月氏《だいげっし》から長安に来て、十四種類の大乗経典を翻訳しました。

その十四種類の経典の中に『道行般若経《どうぎょうはんにゃきょう》』があって、これは十巻のかなり大部なものです。この『道行般若経』は三十の章に分かれ、その中には新しくできた部分と古い部分があって、それを研究してみますと、一番古い部分は支婁迦讖が翻訳をした一五〇年ごろよりは百年ぐらい前にできていますから西暦五〇年前後には成立していたと思われます。

さらに、こういう十巻の『道行般若経』ができる前には、もっと簡単な『般若経』があったようです。それは、この『道行般若経』に決まり文句がたくさん出てきますので、恐らくそういう決まり文句は、経典をつくる前に、人々が暗誦していて、『般若経』を記憶によって伝えていたと思われるからです。そういう『般若経』は恐らく紀元前にさかのぼるだろうと思います。

新しい大乗仏教の運動は大体紀元前一世紀のころに起こってきますが、これは当時の上座部《じょうざぶ》仏教から分かれてでてきたのではなく、どうも在家の人々の間から興ったと思われます。

正法《しょうぼう》五百年といいまして、お釈迦さまの教えは千年の間世の中に伝わるはずでしたが、女性の教団をお釈迦さまが許されたために、自分の教えは千年伝わるところが五百年に減ったとおっしゃったということが、古い経典に出ています。そのために、お釈迦さまの滅後五百年ごろになりましたときに、正法がこの世から姿を消してしまうことがないように、みんな一生懸命にやらなくてはならない、ということが『法華経《ほけきょう》』や『般若経』などにもよく出てきます。

当時の既成教団が安閑と生活しているのを見て、心ある人々が、このままでは仏教は滅びてしまうから新しい時代に合う仏教を興さなければならないということから大乗仏教が興ってきたわけです。

大乗仏教が興ってきた機運の中には、当時の出家主義の教団に対して、在家の立場でも救われる仏教でなければならぬという考え方が恐らく中心にあっただろうと思います。そうしてできたのが大乗仏教ですから、その一番の特色は在家仏教だということです。

しかし、在家仏教だから在家の立場だけの仏教かというと、そうではない。やはり厳しい修行をする人は、家を離れ独身生活を守って修行するわけで、在家、出家を一貫する仏教で、その点に、大乗という言葉の一番大きな意味があると思います。

第二に、大乗仏教の特色は一乗、一つの乗り物ということです。これは大乗経典に出てきますが、一乗に対して三乗、三つの乗り物という言葉もあります。この三乗は、声聞乗《しょうもんじょう》・縁覚乗《えんがく》・菩薩乗《ぼさつ》の三つのことです。

まず声聞というのは、お釈迦さまの声をじかに聞いた人という意味です。面授の弟子という言葉がありますが、これは直系のお弟子さんという意味で、尊敬の意味が含まれています。当時の伝統的な出家者の仏教を声聞乗、声聞の教えと申しています。

それから縁覚乗は、縁、十二縁起を覚って仏になるという意味ですが、これは独覚乗《どっかく》ともいわれて、先生につかないで独力で覚る人という意味もあります。ひとりで覚り、覚ってもひとりで暮らすものですから、ほかの人に教えを説かないで涅槃《ねはん》に入ってしまう。これを独覚乗または縁覚乗といい、この縁覚乗と声聞乗が小乗《しょうじょう》仏教になるわけです。そして第三の菩薩乗が大乗仏教であります。

三乗ともうしますのは、教えが三つあるということです。これは上中下といってもいいわけで、人間には能力の違いがあって、その能力に適するような教えを説く必要がある。現実に人を教育する場合、どうしても能力に従って教材を変えていくということが必要です。こういうことが三乗という言葉の中に含まれています。

そして、大乗仏教の目的は何かといいますと、すべての人を成仏させることです。成仏するためにはどうしたらいいか。だれにでも仏になる素質は備わっている、一切衆生にはことごとく仏性がある、これは『涅槃経』に出てくる言葉で、『法華経』などにはまだそういう言葉はありませんが、しかし思想としては『法華経』にも出てきております。「無一不成仏」すなわち「一として成仏せざるはなし」と読むのですが、こういう言葉が『法華経』にあります。

そういうふうに、すべての人に仏性はありますので、自己に仏性があるということをそれぞれの人に発見させ、自覚させる、それが大乗仏教の目的です。大乗の目的はこの一点にある。それが一乗、一つの乗り物なのです。つまり、三つの乗り物に対して、乗り物は一つでよいというのが、一乗の教えで、『法華経』は特に一乗を説きましたが、大乗は一乗であるということもできるのです。

さとりへの道

では、劣った人、意志の弱い人はどうするか。体の弱い人と丈夫な人を同じように訓練することはぐあいが悪い。そこで、厳しい修行をする仏教と、もう一つは信仰によって救われるおだやかな仏教との二つが大乗仏教の中に興ってきました。

厳しい修行をする仏教は『般若経』の方です。「六波羅蜜《ろくはらみつ》」ということがありますが、波羅蜜は、パーラミター（pāramitā）、修行を完成するという意味で、日本では到彼岸、彼岸に到るとも読んで、覚りの岸に行く意味にも解釈しますが、もう一つは、今の完成という意味。パラマ（parama）という言葉から出来たのでして、般若波羅蜜を智慧の完成とも訳します。

そういう般若波羅蜜を初めとして、六つの波羅蜜があります。まず最初は、布施波羅蜜。持っているものを人に施すことです。人からものをもらうことは、だれでもうれしいことですが、同時に、施す人には自分の持っているものを人に与える喜びがある。そういう布施の波羅蜜が最初にある。

布施の完成といいますと、持っているものは何でも人に与えなければならない。財産ばかりでなしに、菩薩は自分の妻とか子供、さらには自分の肉体までも人に与える。

『大智度論《だいちどろん》』の中に、舎利弗《しゃりほつ》——声聞の代表的な人ですが、その人がかつて菩薩でありまして、大乗の修行をしていた時、意地の悪い婆羅門から、おまえさんの目をくれといわれる。目は体についているうちは見えるが、体から取ってしまったら見る力はなくなって、もう目とはいえないのだから、あなたに目をあげることはできない、ほかのものを望みなさい、と舎利弗は言いました。しかしその婆羅門がどうしても目をくれというので、仕方なく一方の目をくりぬいてやった。すると婆羅門はそれをちょっとかいでみて、生臭いといって地にたたきつけて踏みつけた。それを見て舎利弗に一瞬怒りの心が起こったといいます。舎利弗は後からそれを反省して、布施波羅蜜はとても自分の能力ではおよばないと思って、大乗の修行をやめて声聞乗に転向したということが『大智度論』に出ております。

このように六波羅蜜の修行は容易ではない。これは、お釈迦さまにならって自分も仏と同じ覚りを開こうという願いを起こした人の修行です。この願いを発菩提心《ほつぼだいしん》といいます。菩提(bodhi)は覚りの意味で、お釈迦さまと同じ覚りを得ようと決心することを発菩提心といっています。そのためには、お釈迦さまが生死を繰り返して、何遍も生き返って修行を続けられ、最後にようやく成仏されたように、自分もこれから、三阿僧祇劫《さんあそうぎこう》という長い時間を経過してとにかく修行を完成しよう、そう決心して修行する人を菩薩ともうします。そういう厳しい修行を説いているのが『般若経』です。

ただ、波羅蜜の完成――彼岸に到るということも、完成すると、そこで修行は終わってしまいます。富士山に登るという目標は、富士山の頂上をきわめるとなくなってしまうわけで、結局下りてこなければいかぬ。

ですから、ものを直線的に考えると、完成したあとはどうなるかという問題があります。つまり完成ということの中には自己の否定が含まれている。般若波羅蜜は、そこのところを円環的に考えているのです。つまり完成が同時に新しいスタートになる、一段高い立場での出発点に戻ってくる、般若波羅蜜、智慧の完成の中には、無限に修行を続けていくという意味が入っているのです。つまりプロセスの中に完成がある、絶えず完成しながら進んでいく、ということです。

ですから、我々が仏教の修行をしておりまして、どこで死んでもそこで完成なのです。同時にまた常に未完成で、絶えず修行を続けていかなければならない。これは、目的と手段とを分けないで、手段の中に目的が含まれているような、そういう修行の仕方が波羅蜜という言葉の中に含まれている。つまり、完成のない完成、毎日が完成でありながら、しかも新しい生活をつくっていく、そういう意味があります。

とにかく、『般若経』などに述べられている仏教は、厳しい修行の仏教で、お釈迦さまと同じ覚りを得たいというゆき方です。

それに対して、声聞乗は、お弟子の仏教です。お釈迦さまから教えを受けて、弟子として修行をして阿羅漢《あらかん》になる。お釈迦さまは仏陀になられたが、弟子は仏陀になれない。阿羅漢の覚りを得ることで満足する。お弟子さんは、先生を越えていくことはなかなか難しいのです。声聞乗は弟子の仏教で、気概が小さく、小乗という意味もここから出てきたわけです。

つぎに、独覚乗・縁覚乗は、仏の覚りを開くのですが、人に対して教えを説かない。つまり慈悲心がない。せっかく覚りを得ても、その覚りの妙味を人に分かち合おうという広い気持ちがないのです。弟子を持たないのです。

それに対して、三つ目の菩薩乗は、自利・利他を立場としています。自分の利益と同時に、他を利すること、人の面倒を見ることが、同時に自分の修行になるという立場です。世間に奉仕をすることの中に自己の人格を完成する道がある。このように自利と利他を兼ねる、そういうゆき方が菩薩乗です。

声聞乗・縁覚乗・菩薩乗、これを三乗の教えというのですが、それに対して、『法華経』で説いているのは一乗の教えです。ともかく難行道の大乗は、お釈迦さまをモデルにして釈迦と同じ覚りを得ようと厳しい修行をする仏教です。こういう仏教が大乗仏教にあるわけです。

信の世界

そういうゆき方に対して、もう一方に信仰の仏教がある。智慧が劣っていて仏教の深い教えを理解できない人、あるいは意志が弱くて発心はするけれども少しの困難で挫折してもとの木阿弥にもどってしまう人もいる。舎利弗が布施の川を渡りそこねたように、菩提心を起こしたとしても、実際に菩薩の修行をすることは容易でない。『般若経』の教えは立派ですけれども、これを実行するのは容易なことではありません。そういう自力で修行をしないで、仏の慈悲によって救われる教えが、大乗仏教の中に出てきました。

龍樹《りゅうじゅ》菩薩の『十住毘婆沙論《じゅうじゅうびばしゃろん》』の易行品には山道を自力で行く旅と、川を船に乗って下っていく旅とをたとえに出して、同じ目的地に達するにも、船に乗っていく道もあるから、必ずしも自分の足で険しい山を越えていかなければならぬことはないのだということが述べられています。これが信仰の仏教です。

大乗仏教には、人間の本性は仏性であるという考え方があります。これは自性清浄心とも呼んでおりまして、この汚れのない清浄な心がだれにでもあるというのです。たしかに私どもの心は汚れていて、貪《とん》・瞋《じん》・痴《ち》、あるいは慢心とか嫉妬などがあります。そういうものが私どもの現実ですが、同時に、どんなに悪いことを考えていても、それが悪いということを自分では知っているわけです。物を盗もうとすれば、それは人の物だから盗んではいけないという気持ちを同時に持っている。我々のそういう醜い行為を背後から見ているもう一つの自分が心の中にある。どんなに我々が堕落して醜い人間になっても、醜さを知らせるその心がある。それが自性清浄心なんです。つまりこれは汚れのない心である。自性清浄心という言葉が、大乗仏教の『般若経』を初めいろいろな経典に出てきます。そしてこれがだんだん深く考えられて、悉有仏性、すべての人に仏性があるという考えが出てきたのですが、我々の心の中に仏性があることを気づかしてくれるという点では、必ずしも厳しい般若波羅蜜の修行をしなくても、ほかの方法もあるということなのです。

お釈迦さまは、「だれも免れることのできない生老病死の苦しみから解脱する道を発見した、だからおまえたちはよく聞きなさい」といわれました。苦からの解脱ということが仏教の目的であったのです。

この解脱は、まず慧解脱《えげだつ》といって、最初に智慧が解脱する。これは理屈でわかるということです。仏教の教えを聞くと、なるほどそれは苦からの解脱だということが納得がいく。しかしこれは智慧で覚っただけですから、現実にはなかなか解脱できない。

無我ということが仏教の教えの中にはあります。我々は自我に執着するから苦しみがある。けれども、生まれてから今まで同じ自我は存在しないのです。我々は自分の自我を変えていこうとする。つまり現実の自分に満足しないで、よりよい自分になろうということは、どなたでもお考えになることだと思います。自我は変わるものだということを知っておりますから、我々は自己を改造しようという考えを起こすわけです。

けれども、同時に、自分は変わらぬという考えがある。つまり、自己を改造しても、前の自分と改造した後の自分とが同じでないとぐあいが悪い。そこが、自分が変わりつつありながら、しかも自分は変わらぬということです。つまり不二《ふに》といって、同じものでありながら同じものではないのです。しかし、ものを区別して知る分別智《ふんべつち》では、自我の自己同一でありながら変わっていくということは、正確には理解できないのです。

しかし、慧解脱という仏教の般若の智慧はそういう不二を総合的に理解していく智慧で、これは執着を離れることです。我々は自我に執着しているから、自我の真実の姿がわからない。そこに自我の執着から苦しみが起こる。死の苦しみというものも、結局は我々が自我に執着していることから起こる。慧解脱というのは、それが智慧の段階で完全にわかった段階です。

それから、第二に、倶《く》解脱というのは、坐禅をして禅定の力が強まって、滅尽定《めつじんじょう》を得た段階をいうのです。私どもの心は禅定の力によって精神を集中する。禅定は心を集中する力をいいますが、これが恐怖を抑えるのです。例えば、我々が手術をするというときには恐怖があるわけですが、そういう恐怖を抑える力が禅定にはあります。慧解脱がそういう定力を得た段階を倶解脱といいます。

それから、第三は心《しん》解脱ですが、これは心の全体が解脱することです。そのためには、むさぼりとか怒り、あるいは慢心、嫉妬、そういう煩悩が全部なくなってしまわないと心解脱は得られないのです。

もう一つ、同じシン解脱といっても、信ずる方の信解脱というのがもう一つあります。これは原始仏教の時代から説かれております。我々の心の中にはいろいろな心理作用がある。愛と憎しみは相矛盾する心理作用ですが、私どもの心の中に同時にある。あるいは勤勉と怠惰、善と悪、物が欲しくて盗みたい気持ちと、それを抑制する気持ち、これらが同時にある。

そういうふうに人間の心の中にはいろいろな心理作用があって、そういうものが集まって私どもの心ができているわけですが、その中に、「信ずる」という心理作用がある。これが、仏を信ずるとか神を信ずるとかして信仰が強まりますと、死をも恐れなくなる。世間にはそういう深い信仰に入られた方が決して珍しくない。

真宗《しんしゅう》にも妙好人《みょうこうにん》という人がおられます。非常に深い真宗の信仰を味わわれた妙好人は、必ずしも教育があるわけではない。むしろ世間では軽んぜられるような方の中に、非常に深く親鸞《しんらん》聖人の教えに達した方がおられて、そういう方のいわれたこと、行なったことなどが今記録に残っております。

そういう深い信仰に入られますと、この世の中の地位とか名誉には一切無頓着になってしまう。つまりそういうものに価値を置かなくなるのです。そして信仰の世界に最高の価値を見出し、財産にも自分の生命にも執着を持たなくなってしまう。こういう状態を信解脱と申します。信仰によって苦から解脱するわけです。

信解脱については、『阿含経《あごんきょう》』にも出ていて、原始仏教の時代から説かれていますが、信ずるということが、私どもの心で重要な働きを持っていることが、これによってわかります。

仏教の信の説明が、『倶舎論《くしゃろん》』に出ています。それによりますと、信ずるということは、心澄浄といいまして、浄化することであるという。ちょうど濁った水に明礬《みょうばん》を入れるときれいになるように、我々の濁った心を清浄にしていく力のあるものが信であると、世親《せしん》菩薩が説明を加えております。そういうふうに信仰には我々の心を清めていく力があります。

そして、心を清めることによって、我々の心の中に美しさというものがわいてきます。仏教の芸術は、そういう仏にたいする信仰に基づいて起こってきたわけです。

そして、絵画、彫刻、建築などの仏教芸術を生み出してきました。あるいは仏教の踊り、枯山《かれさん》水《すい》のような庭園、生け花、お茶、そういう芸術が仏教から出ておりますが、これもやはり信仰からでてきたものです。濁った心を澄ませていく力が、信ずるということの中にあって、仏教の芸術がそこから生じてきた。

南方仏教、原始仏教では、踊りや音楽は仏教の修行の邪魔になるということで、戒律の中で禁止されていますが、大乗仏教ではそういうことはないのでして、中国や日本で見られるようないろいろな芸術が発展してきました。

それだけに南方仏教には、仏教というものを覚りの世界と迷いの世界にはっきり分ける考え方があります。この世は仮の世であって、真実の世界はこの世とは別のところにある、それは涅槃の世界であると考えるのです。

こういう考え方に対しまして、大乗仏教は不住涅槃に住することを理想とする。この現実の迷いの世界の中に涅槃を実現していこうという考え方が大乗仏教の根底にあります。それが絵画、彫刻、建築、あるいは歌や踊りなどが大乗仏教の中に自然に起こってきた理由でして、大乗の戒律の中にはそういうことを禁止する精神はありません。

仏の力

大乗仏教は本来お釈迦さまに対する信仰から起こってきたものでして、お釈迦さまが亡くなられるとき、阿難《あなん》尊者がお釈迦さまに、亡くなられた後の葬式はどのようにしたらいいでしょうかとお伺いを立てたところ、お釈迦さまは、出家の弟子は私の遺骸や葬式などにかかわってはならぬ、おまえたちは最高善のために努力をしなさい、一分一秒も惜しんで修行すべきで、わたしの葬式などにかかずらっていてはいけないといわれました。

そのために、お釈迦さまが亡くなられたとき、その遺骸は在家の人々がもらったのです。お釈迦さまはクシナガラで亡くなりましたので、クシナガラの人々がお釈迦さまの遺骸をもらい受けて葬式をしたのです。

お葬式では歌や踊りでお釈迦さまを慰めたということがいわれております。そしてそのあと火葬にしましたから舎利《しゃり》が残った。舎利というのは遺骨です。それを中インドの八つの部族に分けて、塔を建てて祀ったのです。塔はストゥーパ（stūpa）といいまして、お墓のことです。

そして、お釈迦さまが亡くなられてから百年ほどたったときに、インドにアショーカ王（阿育王）が出て、その八つの塔を開いて、インド全体に八万四千の塔をつくったといわれます。とにかく非常にたくさんの塔をつくってそれを礼拝する、そういう信仰をおこしたわけです。

それまでのいわゆる声聞乗の仏教では、お釈迦さまは八十歳で亡くなられ、涅槃に入られてしまったのだから、もう見ることも声を聞くこともできないと考えました。そして、お釈迦さまの活動はもうこれで終わったという考えでした。ですから、それ以後にはお釈迦さまの説き残した教えがある限りは仏教があるけれども教えが滅びれば正法は滅びるという考え方です。

塔を礼拝する人々は、そのお骨を通してお釈迦さまを礼拝するわけですが、その人々にとってお釈迦さまは如来《にょらい》ということです。お釈迦さま自身がタターガタ（tathāgata＝如来）という言葉を使っておられて、自分を呼ぶときには「私」という言葉もたまには使われましたが、原則として、ご自分を呼ばれるのに「如来」といわれたのです。

如は、真理の世界です。涅槃も如です。寂滅《じゃくめつ》為楽《いらく》という言葉があって、寂滅（涅槃）は楽である、涅槃というのは決して死の世界ではなしに、そこには活動があるという意味です。如は涅槃ともいいますが、法界ともいいます。つまり、お釈迦さまが亡くなられてから入られた世界、あるいは、お釈迦さまが菩提樹の下で覚りを開かれたときに覚った真理が「如」と呼ばれているのです。しかし、これは真理といっても、我々にはわからないわけです。ただ真理という言葉がわかるだけで、真理とは何かということはわからぬわけですが、とにかくそれは如の世界、法身、法の世界です。お釈迦さまは法を覚られたから仏になられたわけで、そのお釈迦さまの覚った世界、そこにお釈迦さまはおられて、そこから我々に働きかけてくださる。こういう考えが大乗仏教の中にはあるわけです。

つまり、二千五百年たっても私どもはこうしてお釈迦さまの教えを学ぶことができる。皆さん方でも仏教というものをそれぞれの力で理解されて、それによって安らぎを得られるわけです。それも、やはり何かわれわれにたいして働きかける力があるからです。二千五百年たってもお釈迦さまの衆生に対する働きかけの力というものは依然として存在するわけです。

いわゆる善知識《ぜんちしき》も、このような如来の善巧方便、衆生済度のはたらきかけであると見るわけでして、親鸞聖人は、ご自分が真実の信仰に目覚められたのには、法然《ほうねん》上人とか曇鸞《どんらん》大師とか天親《てんじん》菩薩とか、そういう三国の高僧がたのおはたらきがあったからだとして、そういう方々の働きは、仏さまの力がそういう人々の姿をとってあらわれたのだと受けとめておられる。これが還相回向《げんそうえこう》の聖者であります。ですから、その恩に報いることをひじょうに重要視しておられました。

これは親鸞聖人のみならず、仏教の考え方は、親でも兄弟でもあるいは仇敵でも、我々に仏教を知らしめて真実の教えをわからせてくださるのは、すべて仏の力であり、仏が親とか兄弟とかそういういろいろな人の姿をして我々に働きかけているのだと解釈するのです。『大乗起信論《だいじょうきしんろん》』にはそういうことが詳しく書かれています。

これは、私どもが生きている世界をどう受けとめるかという問題です。我々は自分の力で生きているように思うのですが、実際は空気があるから生きられるわけです。空気でもって周囲につながっている。我々が炭酸ガスを吐き出しても、空気の中にそれを浄化してくれる力がある。そういう世界の中で我々は生かされているのです。そういう受けとめ方の根源に仏陀の力を認めていき、それに目覚める見方が、大乗の仏陀というものの理解の仕方です。

大乗仏教の仏陀観は、そういうように我々を取り巻いている世界は生きている世界であり、そこには我々を常に目覚めさせようとする働きかけがある、その働きかけは仏から出てくるのだという考え方です。それが如来の如であります。これは人格のないものです。『仏名経《ぶつみょうきょう》』という経典には仏の名前が何千も書いてありますが、仏は全部同じなのです。つまり、阿弥陀《あみだ》さんでも、お釈迦さんでも、大日如来《だいにちにょらい》でも、仏はすべて区別がない、真理の世界から形をあらわしてくださったのです。その真理の世界は我々凡夫にはわからぬから、そこから人間の姿をとってこの世に現れてこられたのがお釈迦さまです。そして我々の理解できる言葉で仏の覚りの世界を説かれたのです。それと同じような仏さまはどこにでも出ていいわけで、我々の友達でも親でも兄弟でも、我々をそういう仏教に目覚めさせてくれる人はすべて仏の活動なのだという考えが仏教の考え方です。

これは、我々が自分の力で生きていると見るか、あるいは周囲の力で自分が生かされていると受けとめるか、自力・他力といいましても、同じ問題をどういうふうに受けとめるかということで、これは人生にとってたいへん重要な問題だと思います。

第二回　大乗の仏陀

大乗仏教の仏陀といっても、インドに生まれた釈尊を指しているのでして、別の仏陀を説いているわけではありません。

釈尊はいまから二千五百年ほど前に、現在のネパール地方の西部にあった釈迦の国の王子として生まれました。父は浄飯王《じょうぼんのう》、母は摩耶夫人《まやぶにん》といわれ、摩耶夫人がお産のために実家に帰ろうとした道すがら、ルンビニー園で美しく咲いていた無憂樹《むゆうじゅ》の花を取ろうと、手をあげられた時、その右脇からお生まれになったと伝えられています。そして生まれて地上に立ち、七歩あゆまれて、両手で天と地とを指さして、「天上天下にただ我れ一人尊とし」と言われたということです。そのとき竜神が天上から寒煖二つの瀧を流し、帝釈天が下界に降りてきて、その水で釈尊の身体を洗ったといいます。四月八日は釈尊の誕生日として、この日に誕生仏を祀り、甘茶をかけて釈尊の誕生を祝うならわしがあります。釈尊が生きとし生ける者の救済者として、この土に誕生したことをお祝いするのです。

以上の話は伝説でありますが、そこには深い宗教的な意味がふくまれていますので、それを汲みとることが大切です。釈尊がこの世に生まれる前に兜率天《とそつてん》に居られて、機縁が熟したので六牙の白象の形をとって降生し、摩耶夫人の右脇より母胎に入られたということは、すでに原始仏教の時代から言われています。しかし原始仏教の時代には、釈尊は凡夫としてこの世に生まれ、その後人生の矛盾に思いをひそめられ、その苦の解決のために出家され、烈しい修行をされて、悟りを得られ、成仏されたと理解されていました。即ち釈尊は生まれた時には、まだ仏陀でなかったと考えていたのです。

しかしその後、釈尊の偉大性の認識が深まるにつれて、考えが変わってきました。即ち仏教がインドの国境をこえて、アジアに広くひろまり、何百年にもわたって、多数の人びとの心の拠り所となっている、そのすばらしい仏教を説かれた釈尊は、ただの人ではなく生まれる時からすでに特別の人であったと考えられるようになりました。そして釈尊は生まれる時からすでに仏陀であり、この土の衆生を救うために、真理から顕れてきたのであると考えられるようになりました。そのために誕生仏も、からだは嬰児のかたちをしていますが、しかしすでに三十二相をそなえ、仏陀のかたちとなっています。

仏陀のことを如来といいますが、これは「如」すなわち真理から現れてきた人という意味です。

釈尊は自己を呼ぶとき「如来」という用語を用いました。釈尊は菩提樹の下で悟りを開かれたとき、煩悩を断じて、永遠の真理（如）と一つになり、「不死を得た」という体験をなさったのです。これが「如来」の根拠です。このことは原始仏教の経典にも説かれています。釈尊の悟った「如」は、仏陀を仏陀たらしめる真理です。この真理を「理」ともいいます。そして仏陀の悟りの「智」が、この理と合体した点を「理智不二」と言いまして、これを仏陀の「法身」と言っています。大乗仏教の時代になりますと、肉身の釈迦仏の根底に、この法身があると考えられるようになりました。この法身から、釈迦仏はこの世の衆生を救済するために現れてきたのであると理解されるようになったのです。

『法華経』の「寿量品《じゅりょうほん》」には、久遠実成《くおんじつじょう》の仏陀と、伽耶近成《がやごんじょう》の仏陀との二重構造で、仏陀が示されています。久遠実成の仏陀とは、仏陀伽耶で最近成仏した仏陀という意味で、釈迦仏を指しています。伽耶近成の仏陀とは、永遠の過去にすでに成仏している仏陀のことであり、これは釈迦仏の本質をいうのであります。釈尊の仏陀としての本質を考察するならば、その本質は永遠の過去からすでにそなわっていたものであり、過去においても仏陀としての活動をしておられたとしても、少しも不思議はないのです。とくに仏陀の慈悲の心を考えるならば、当然衆生済度の活動をしておられたと見なければなりません。『法華経』の「化城喩品《けじょうゆほん》」には、三千塵点劫《さんぜんじんてんごう》の昔に大通智勝《だいつうちしょう》如来が世に現れたが、この仏の弟子となった十六沙弥の中に釈迦菩薩がおられて、そのとき成仏して衆生を教化したことを説いています。三千塵点劫といえば、言葉では表現できない程に遠い昔のことであり、その時すでに釈尊は成仏して、多くの衆生を済度したと言われているのです。

しかして久遠実成の釈迦仏の成仏は、この三千塵点劫よりもさらに過去であり、それは言葉で表現できない程に遠い過去であります。この久遠実成の釈迦仏が、この土において六万恒河沙《ろくまんごうがしゃ》をこえる菩薩を教化されたことは、「従地涌出品《じゅうじゆじゅっぽん》」に説かれています。このように永遠の過去からすでに釈迦仏がこの土に現れて、衆生済度をしておられたことは、伽耶近成の仏としてこの土に現われ、八十歳にして入涅槃を現した釈迦仏の、仏の本質を考察するところに自然に領解することができるのであります。久遠実成の仏陀は釈迦仏の本地であり、釈迦仏はこの仏から姿を現して、この土の衆生を済度するために応現されたのでありますが、しかし応現された釈迦仏と、久遠実成の仏陀とは、その本質においては全く同じであり、少しの差別もないのであります。現実の釈迦仏の教えを味読して、そのことを理解することが大切であります。

すべての仏陀は「無上の正等覚」を得られたのですから、「無上」である点で、どの仏陀の本質もまったく同じであるのです。

大乗の仏陀としては、『華厳経《けごんきょう》』に説く「毘盧舎那仏《びるしゃなぶつ》」も重要です。毘盧舎那仏は『華厳経』の経主ですが、しかし釈迦仏と別の仏陀ではないのです。『華厳経』は「海印三昧《かいいんざんまい》、一時炳現《いちじへいげん》の法門」といいますが、これは菩提樹の下で悟りを開いた釈尊の、その悟りの世界を示したものでして、この悟りの心の世界を毘盧舎那と呼んでいるのです。毘盧舎那（ヴァイローチャナ）とは、太陽の光明を言うのでして、悟りを開いた仏陀の心は、一点の疑惑もなく、太陽の光が隅々まで行きわたっている「光の世界」に喩えられるのです。そのために悟りを開いた仏陀の心を毘盧舎那仏と呼ぶのです。これが海印三昧と呼ばれるのは、仏陀の心は果てしのない海に喩えられるのでして、光明のあふれた静かな海面に森羅万象が映っているように、三昧に入った仏陀の心は、悟りの智慧に満ちあふれて、そこに全世界が映じているのです。この仏陀の悟りの心を毘盧舎那仏と呼んでいるのです。したがって毘盧舎那仏と釈迦仏とは別の仏ではないのです。しかし毘盧舎那仏は釈迦仏の悟りを顕わしたものですから、これを説く『華厳経』は極めて難解な経典です。そしてそれだけ毘盧舎那仏は理解のむつかしい仏陀であります。

この毘盧舎那仏を密教（真言宗）の立場から解釈したのが、大日如来（マハーヴァイローチャナ仏）です。すなわち密教は顕教（いわゆる大乗仏教）よりも勝《すぐ》れた仏教であると主張されています。そのために菩提樹下で悟りを開いた釈尊、すなわち毘盧舎那の悟りは、密教から見ると十分でなく、密教の教理でその悟りを解釈し直して、はじめて真の正覚と言うことができると主張するのです。この密教の立場で解釈された正覚が大日如来、即ち「マハーヴァイローチャナ仏陀」であります。

大乗の仏陀には、このほかに阿弥陀如来が重要です。阿弥陀仏には、「アミターバ」（無量の光明）と「アミターユス」（無量の寿命）という二つの名前があります。それはこの仏陀がまだ菩薩のとき、法蔵菩薩と呼ばれ、四十八の本願を立て、極楽浄土の建立を誓ったのですが、この四十八の本願の中に、極楽に往生する衆生の光明に限量のないことを、第十二願に誓われ、さらに国中の衆生の寿命に限量のないことを第十五願に誓われ、これらの願を満足して、極楽を建立されたからです。

阿弥陀仏は、西方十万億土の彼方にある極楽世界の教主でありますから、釈迦仏とは別の仏陀であると見られています。この宇宙の大きさが際限のないことは、現代の天文学でも認めるところですが、大乗の菩薩達も宇宙の拡がりはつかみ難く、宇宙には多数の仏陀が同時に出世すると見ています。例えば一仏の教化の範囲は三千大千世界であると言われています。われわれの娑婆世界を中心にして、上下に千の世界があり、これを小千世界といいます。この小千世界が横に千集まって中千世界になり、さらに中千世界が千集まって大千世界になります。ここに千が三あるために、これを三千大千世界といい、この三千大千世界が一仏の教化の範囲であると言うのです。宇宙にはこのような三千大千世界がいくつもあると考えて、多数の仏陀が同時に現れて、それぞれの国土で法を説いておられるというのです。

そのために阿弥陀仏のほかに阿閦《あしゅく》仏も、古くから説かれております。そのほかにも薬師《やくし》如来や

『法華経』に説く多宝《たほう》如来も有名です。さらに過去七仏も有名ですし、『賢劫経《げんごうきょう》』には「賢劫の千仏」の仏名が挙げられています。さらに『千五百仏名経』『五千五百仏名経』をはじめ、多くの仏名経があって、諸仏の名を示しています。現在の賢劫には千仏が出世するので、賢劫の千仏が言われるのですが、過去の荘厳劫にも千仏が出世され、未来の星宿劫にも千仏が出世されるとして、それらの仏名も説かれています。

このように大乗の経典には多数の仏陀の存在が説かれるのですが、しかし諸仏はすべて同じ「無上の正覚」を得られたのですから、諸仏の間に差別はないのです。すべては、この土に出世されて実際に正覚を成ぜられた釈迦仏に帰着するのです。釈迦仏の悟りによって、諸仏の悟りが知られるからです。若し釈迦仏がこの土に出世されなかったら、地球上の人は「仏陀」という名すら知ることはできなかったのでして、大乗経典に種々の仏陀が説かれていますが、すべては釈迦仏によってその内容が理解されるべきであります。

第三回　大乗の教団

仏教が現代まで伝わったのは、仏教に教団が存在して、その教団の中で師から弟子へ教法が伝えられ、さらに教法の実践が伝えられ、戒《かい》・定《じょう》・慧《え》の三学が伝持されてきたからであります。インドに仏教がほろびたのは、教団が消滅したからです。それ故、大乗仏教が興ったのは、大乗の教法が新しく現われたのと共に、大乗の教団ができたからです。

仏教を構成するものは、仏法僧《ぶっぽうそう》の三宝であります。釈尊が菩提樹の下で悟りを開かれて、仏陀の自覚を得られたので、仏宝が成立しました。その後、沢山の大乗の仏陀が発見されましたが、それらはすべて仏宝にはいります。さらに釈尊が悟られた法が法宝でありますが、その法を言葉によって弟子たちに説法されたので教法ができました。この教法も法宝にはいります。つぎに釈尊が説法をされて、釈尊の弟子ができました。釈尊の弟子には、出家の弟子と在家の弟子とがあり、さらに男性と女性の別がありました。そして男性の出家の弟子を比丘《びく》（乞う人）といいます。

次に女性の出家の弟子を比丘尼《に》といいます。さらに在家の男性の弟子を優婆塞《うばそく》といい、在家の女性の弟子を優婆夷《い》といいます。そしてこれらの比丘衆・比丘尼衆・優婆塞衆・優婆夷衆をまとめて「釈尊の四衆」といいます。このうち、比丘と比丘尼とは、それぞれ集まって教団を形成しまして、比丘僧伽《さんが》・比丘尼僧伽といいます。この比丘僧伽と比丘尼僧伽とが「僧宝」と呼ばれて尊敬されるのであります。

仏教徒になるとき、この仏法僧の三宝に帰依します。三宝に帰依することによって、仏教信者、すなわち優婆塞、あるいは優婆夷となるわけです。しかし熱心な信者はさらに五戒を受けます。しかし五戒を受けなくとも、三宝に帰依すれば信者になります。しかし比丘と比丘尼は、具足戒を受けて、禁欲生活をします。比丘の戒は二五〇戒といわれ、比丘尼の戒は五〇〇戒といわれますが、それほど多くはなく、大体三五〇戒ほどです。ともかく彼等は沢山の戒律を守り、厳しい修行をしていますから、僧宝として、三宝の一つに加えられて尊崇されるのであります。同時に、仏教の教法や修行を次の世代に伝達していくのも、主として比丘僧伽ですので、比丘僧伽は仏教の伝承において重要な役割を荷っているのであります。そして優婆塞と優婆夷は比丘・比丘尼の指導を受けて修行をしますが、しかし集まって教団を作ることはしませんでした。そのために優婆塞と優婆夷は僧伽の中に加えられていなかったのです。

それならば大乗仏教が興ったときに、大乗の教団はどのような組織を持っていたのでしょうか。

これを明らかにするには、釈尊時代の在家者がどうなったかを考える必要があります。在家信者は僧伽を作っていませんでしたが、しかし比丘・比丘尼の出家者の僧伽を維持するために、僧伽の経済的出費をすべて負担していたのです。比丘・比丘尼は信者から食物や衣服をもらい、さらに住居もすべて建立して貰っていました。それで修行生活に専心することができたのです。故に経済的には僧伽の存続には、在家信者の支援が大きかったのです。それ故、釈尊も在家信者の役割を重視されて、信者としての信仰や修行の心得を、絶えず説法されたと思うのです。

しかし釈尊の滅後、教法は出家者、とくに比丘僧伽によって伝承されましたので、比丘に関係のない教説は、伝承の間に失われたものが多かったのです。故に釈尊が在家信者に説かれた教説も、比丘僧伽にはあまり伝わらないで、在家信者の間に保存されたのではないかと思います。在家信者は釈尊の遺骨（舎利）を祀った「仏塔」を中心に集まっていて、信仰を深め、修行をなし、教法を後世に伝えていったと考えられます。それ故、仏塔教団には、僧伽教団とはちがった在家的な教理が形成されたと考えられます。

仏塔には釈尊の遺骨が祀られていましたが、しかし信者たちは、この仏塔に礼拝することによって、現実に存在する人格的な仏陀を信仰するようになりました。僧伽教団では、仏陀は八十歳で涅槃にはいられ、形のない存在になってしまい、礼拝しても応答されることはないと理解していました。しかし仏塔教団では、仏陀は現にいまして、衆生の苦悩を知られ、その祈願を受けられ、救済されると信じていました。このように人格的な仏陀の信仰を中心として集合していた仏塔教団から、大乗仏教が興ってきたと考えられます。

大乗の教団を「菩薩ガナ」といいます。菩薩とは菩提薩埵《ぼだいさった》の略称でありまして、「悟りを求める有情」という意味です。そして菩薩とは、ほんらいは釈尊が成仏のための修行をしておられた時代の釈尊を呼ぶ名前であったのです。しかし仏塔教団に集まった人びとの中に、自分も釈尊にならって成仏のための修行をしたいと発心する人びとが出てきたのです。そのために彼等は、自己を釈尊の修行時代の呼称を真似て、自らも菩薩と称したのです。しかし仏になるためには、在世の仏弟子（声聞）たちが理想とした「阿羅漢」になるのとは比較にならないほどの烈しい修行をしなければなりません。菩薩はそのような困難な修行に立ち向かった人たちでして、高遠な成仏という目標を目ざして修行する「偉大なる心を持つ有情」（大士）とも呼ばれています。

このように阿羅漢と比較にならない「成仏」の修行をする人びと（菩薩）でありますので、彼等は自己の受持している教えを「大乗」と呼んだのです。大乗とは大きな乗物という意味でして、僧伽教団が阿羅漢になることを理想とする声聞乗の教理と比較して、比較を絶した偉大なる教理であるという意味です。

しかし菩薩は仏になることを目的として修行をしていますが、すべての菩薩が意志が堅固で、優れた能力を持っているわけではありません。彼等の中には難行道を進んで直ちに不退転に至る丈夫志幹の大菩薩があると共に、そのような力のない儜弱怯劣《どうじゃくこれつ》の弱力の菩薩もあります。しかし弱力の菩薩のためには、信仰によって成仏できる易行道の教えが開説されておりまして、大乗には、すべての人が救われる道を説く「広大な教え」という意味もあります。

ともかく菩薩の修行をなす人びとの間に、大乗の自覚が起こってきたのでありまして、大乗仏教は菩薩の集団によって形成せられたのです。そして菩薩の集団を菩薩ガナと呼んでいます。「ガナ」とは集団の意味でして、僧伽にも集団の意味がありますが、しかし僧伽は原始仏教以来の伝統的な教団の呼称となっていましたので、新しく現れた大乗の教団は自らの教団を「菩薩ガナ」と呼んだのであります。菩薩ガナは「菩薩衆」と訳されています。

菩薩ガナでは、在家と出家の区別ははっきりしていませんでした。その理由は、そのもとになった仏塔教団が在家者を中心としていたからです。釈尊は臨終が迫ったとき、出家の弟子たちに釈尊の葬式に関与することを止められました。そのために釈尊の遺骸は信者たちが貰いうけ、丁重に葬式をして、火葬にし、残した舎利を分配して、中インドの各地に、信者たちによって十基の塔が建てられたといいます。これらの塔は、その後も、信者たちによって管理され、運営されました。その後、仏滅百年ころに阿育王が出世し、天下を統一して、熱心な仏教信者となりました。彼は仏滅直後に立てられた舎利塔を開いて、舎利を分け、インドの各地に壮麗な仏塔を建てました。そのために舎利塔信仰は、インド全域で盛大になりました。

仏塔は釈尊を信仰し、その加護を願う信仰者の巡礼によって賑いました。そして信者によって、沢山の供物が捧げられました。そのために仏塔には、これらの信者を案内したり、仏陀の大慈悲を説明したりする居住者がおりました。彼等は仏塔に捧げられた供物で生活していましたから、生活のために働かないで、物を貰う人、すなわち比丘（乞う人）の一種でありましたが、しかし僧伽教団で具足戒を受けた比丘ではありませんでした。伝統的な比丘僧伽で具足戒を受けた比丘は、僧伽の精舎《ヴィハーラ》に居住すべきでありまして、仏塔《ストゥーパ》に居住することは禁ぜられていたからです。

したがって仏塔に居住していた菩薩たちは出家生活をしていましたが、しかし僧伽に所属する比丘ではなかったのです。当時インドでは、乞食生活によって生活しつつ修行する修行者はすべて比丘と呼ばれていましたから、バラモン教にも比丘はいましたし、ジャイナ教など、外道の宗教者にも比丘はいました。故に仏教の中にも種々の比丘がいたのです。それ故、菩薩教団の中にも比丘はいました。しかし彼等は主として自己を呼ぶのに「菩薩」と呼んでいたのでして、したがって菩薩には、出家菩薩と在家菩薩とがありました。出家菩薩で有名なのは、文殊《もんじゅ》菩薩や普賢《ふげん》菩薩・弥勒《みろく》菩薩・観音《かんのん》菩薩等ですが、これらは仏陀に等しい大菩薩でして、一般の大乗の修行者は名もない菩薩でした。

出家菩薩は禁欲生活をおこない、仏塔を生活の基盤としていましたが、瞑想をするときは山林の静かな阿蘭若《あらんにゃ》に居住し、仏陀を念ずる三昧の修行に没頭しました。彼等は頭陀行《ずだぎょう》という非常にきびしい生活法を守って修行生活をしていました。頭陀行は十二あるいは十三種あり、これは比丘僧伽の二五〇戒にも含まれていない、非常にきびしい戒律であります。この阿蘭若の観仏三昧の修行から、多くの大乗経典が成立しました。すなわち菩薩が阿蘭若で観仏三昧にはいり、その禅定中に現れた仏陀から種々の教えを受け、これを出定してから述べたものが、大乗経典となったのです。そのために大乗経典も「仏説《ぶっせつ》」となっているのです。

このように出家菩薩は厳しい戒律を守っていましたが、しかし菩薩全体としては在家出家の両方をふくみますので、菩薩の戒律としては「十善戒《じゅうぜんかい》」が説かれていました。これは在家の夫婦生活を認める立場で説かれた戒律であります。六波羅蜜の第二に戒波羅蜜がありますが、その内容は十善戒であります。この十善戒が菩薩仏教の基本的な戒でありますが、しかしこれでは出家菩薩の戒律には不足の点がありますので、十二、あるいは十三の頭陀行が説かれ、さらに後世には僧伽仏教の比丘の二五〇戒を菩薩仏教に取り入れることにもなりました。ともかく初期大乗の教団は十善戒で統制を保っていたのであります。

第四回　般若の智慧

般若といいますと「般若の面」という恐ろしい形相の女性の面を思い出しますが、インドでは般若は女性で示されるのです。般若はパンニャー（Paññā）の音写語ですが、この言葉は女性名詞です。仏陀は般若の智慧によって成仏しましたので、『維摩経《ゆいまぎょう》』には「智度は菩薩の母なり、方便もて父となす」と説いています。ここの「智度」というのが般若波羅蜜の訳語であります。つまり智は智慧と同じでして、般若のことです。そして度とは、ここでは「わたる」という意味でして、迷いの岸から悟りの彼岸へ生死の大海をわたることを言います。そしてわたるための原動力になるものが六波羅蜜です。つまり度とは、波羅蜜（パーラミター）を訳した言葉です。

波羅蜜はここでは彼岸にわたる意味ですが、しかし波羅蜜には「完成」という意味があります。即ち般若波羅蜜は「智慧の完成」という意味です。このように般若波羅蜜は智慧の完成でありますが、しかし悟りの智慧は、完成することによって静止してしまうのでなしに、完成しつつも衆生済度に向かってどこまでも進んでいく智慧であると考えます。

ともかく智度は般若波羅蜜のことでして、この智度を母となすとは、この般若波羅蜜の修行から仏の成道が実現するので、般若は仏陀を生み出す母であると説き、方便が父であると言っているのです。

以上のように、般若の智慧は女性名詞であり、その作用として「生み出す力」があります。そのために般若菩薩の像は「女神」の姿をしています。菩薩（bodhisattva）という言葉は、男性名詞でありますので、大部分の菩薩は男性の姿で現わされています。しかし般若菩薩以外にも女性の菩薩はあります。般若の面が恐ろしい女性の姿をしているのは、般若が女性であることと、般若の智慧が煩悩をたち切る鋭い力を持っていることを示しているのではないかと思います。お不動さまは右手に利剣をもち、左手に捕縄を持っていますが、この利剣も仏の智慧のするどさを現しているのでして、智慧には煩悩をたち切るするどい力があります。

般若は煩悩を断ずる鋭い智慧でありますが、同時に真理を洞察する智慧であります。しかし般若の智慧はつかみどころがないのでして、私共の心の中で般若の智慧が活動していても、それを知ることはむつかしいのです。しかし般若の一種に「生得慧」があります。生得とは「生まれつき」という意味で、生まれつき誰にも、般若の智慧がそなわっています。しかし生得慧は、そのままでは力を増加しませんから、鍛練によってその力を増大させる必要があります。

戒・定・慧の三学といいまして、戒律を守り、戒の実践によって心を浄化し、次に禅定を修して、心の集中力をつよめ、この戒と定とによって鍛練された心の中で、法の観察をなすことによって、般若の智慧が強化されます。この般若の智慧の強化が慧学であります。しかし戒定慧の三学といえば、むつかしいことのように思われますが、しかし般若は「如実知見《にょじつちけん》」でありまして、ありのままにものを「知り・見る」智慧ですから、ものを「ありのままに見ること」に努力すれば、生得慧の智慧から進んで、仏教的智慧に発展し、向上することが可能であるわけです。

但し般若については、これを識（vijñāna）と比較して説明すると、よく理解できると思いますので、その側面から考察したいと思います。

識は「了別」と訳され、「区別して知ること」と説明されています。例えば善と悪とを区別して知り、赤と青とを区別して知る作用です。しかし善と悪とは人間において、はっきり分かれているわけではありません。誰でも何程か善人でありますが、同時に悪心も持っています。例えば物を盗もうと思いつつも、盗んではいけないという気持ちが同時に起こります。それ故、誰でも善人でもありますが悪人でもあるわけで、自分の心の中で善と悪とをはっきり分けることはできないと思います。しかし「善悪不二」では認識したことになりませんから、識の立場ではそれを分析して二つに分け、善と悪とを区別して、彼は善人であり、彼は悪人である等と認識するわけです。

即ち「心の現実」は善悪に分かれているのではないのですが、それを分析的に理解し、善と悪とに区別して知るのが識の作用です。したがって善や悪は観念、あるいは概念です。そしてこの観念を一々の人間に適用して、その人を善人と判断し、或いは悪人と判断するのです。故に「善というもの」「悪というもの」が「事実の世界」にあるのではありません。事実の世界に存在するものは「具体的な人間」でありまして、それは善人とも判断され、見方によっては悪人とも判断されます。しかも一切は無常ですから、絶えず変化していきます。いま善人と判断された人も、そのすぐ後に悪心をおこすかも知れません。それ故、善人とか悪人とかいう「固定的なもの」があるのではありません。人間は他人の物を盗むことによって悪人となり、逆に他人を助けることによって善人となるのです。悪人でも何かの機会に善心をおこすことはできるのです。善心をおこしたその時は「善人である」と言わねばなりません。

しかし識の認識は、「彼は善人である・彼は悪人である」と一方的にきめてしまいますので、諸行無常の世界の存在を理解するのには難点がありますし、「存在」の真実相を洞察するものでもないのです。しかし識は区別して認識しますから、その内容が明晰です。そして識は自我を立場として判断をするものでして、識の背後には自我があります。そして識は、自分の自我は一つであると見ています。そしてそれに基づいて、自分が生まれてからの自己は一つであると見ています。この識の理解を、般若の理解と比較して示したいと思います。

識は、自我は一つだと理解しますが、しかし諸行無常ですから自己といえども変化をまぬがれません。故に生まれてから今までの自己が一つだなどとは言えないわけです。しかし識は、変化しつつある自己をありのままに知ることはできません。しかし私共は、自分は一つだと思いつつも、同時に自分を変えることができると思っています。私共は自分を向上させたいと願い、学問をしたり、修行をしたりします。このように自分を向上させようと努力するのは、自分が変わることを知っているからです。

この「自分は変わる」ことを知るのは、般若の力です。ただ先に申しましたように般若の作用は知り難いのです。般若自身も諸行無常で、流動的ですし、その作用は「如実知見」で、ありのままに知り見る作用ですから、その理解作用はつかみ難いのです。般若が活動していることすら、自分には知り難いのです。しかし般若の活動は次のことからも知ることができます。例えば学生が大学に入学したとします。そして四年間勉強すれば卒業できると思います。その際、学生は四年間勉強して、今の自分よりもましな自分になれると思います。それならば、入学する時の自分と、卒業する時の自分とは同じであるか、異なるかという問題がおこります。即ち四年間勉強して自己を改造しようとします。また改造できると思います。そうでなければ四年間勉強する甲斐はないわけです。このように自己が変化することを望むわけですが、しかし一方では自己は一つだと思うわけでして、入学する時の自分と卒業する時の自分とは同じであると考えますし、また同じであることを望むわけです。

自己を変えようとする理解と、自己は同じだとする理解とは、明らかに矛盾し、対立します。しかしこの二つの理解を調和させることはむつかしいのです。「自己は一つだ」という理解は、識がおこなう理解です。識は、自己と自己ならざるものとを区別して、自己を自己同一のものとして定立します。しかしこの自己、あるいは自我は、識が心の中に「作りあげたもの」でして、本来自我というものがある筈はありません。若し自我が自己同一であって、変わりないとしたら、それは無常ではないことになります。しかし我々の心中に無常でないものが有るとは思われません。しかも不変の自我があるとしますと、その自我には進歩向上がないことになります。即ち自己は全体としては向上しても、自我だけは取り残されてしまうということになります。故に一つの自我、不変の自我を立てることは、理屈にもあいません。

故に哲学で言う「認識主観」としての自我は存在しますが、その自我ですら変化は免れないのです。

この変化する自分を、変化するままに理解するのが、般若の作用です。般若は流動的な智慧です。心は無常で、絶えず動いているのですから、そこで活動する智慧も流動的であるのが当然です。そのために般若はつかみどころがないのです。掴めば般若でなくなります。掴めないから般若は「空の智慧」とも言われます。しかしこの般若は自己の本性を洞察することができます。故に私共は、心中における般若の力を強めるように努力しなければなりません。そのためには「執着を離れる」ことが大切です。ありのままに知るためには、執着を離れて、心が空になることが重要です。そのとき般若は本来の洞察力を発揮して、自心の本性を悟ることができます。

ただし般若によって悟ったことも、これを言葉で表現しますと、流動性を失って静止的になってしまいます。言葉は概念でありまして、静止的だからであります。そのために仏陀の言葉でも、とかく誤解せられて、識の立場で理解されがちです。しかし言葉によらなければ、仏の悟りも他に伝えられないのです。この点が、私共が最も注意しなければならない点であります。

第五回　大乗の縁起

釈尊は縁起を悟ったから、仏陀になられたと言われています。それ故、縁起説は仏教の根本思想であります。それだけ縁起は深淵な思想でありまして、その片鱗を知るだけでも容易でありません。

縁起とは「縁によって起こる」という意味でありますが、縁によって起こったものは掴めないのです。例えば私共の「こころ」は縁によって起こったものでありますが、しかし心は無常でありまして、絶えず変化しています。それ故、掴んだ刹那に心は変化してしまいます。ですから「自分の心」といいましても、心は掴めないのです。私共が掴んでいる心は、心のありのままの姿ではなく、心が作り上げたものです。このことは、人間の生命についても言うことができます。自分のいのちほど大切なものはありませんし、誰でも死にたくないと思い、何とかしていのちを引きとめようと思いますが、いのちを止めることはできません。死期が来ればいかに生きたいと思っても、死はさけられないのです。これは生命が無常であって、掴むことのできないものだからです。

このような流動的な世界の中で、多くの縁が集って新しいものが生ずることを理解するのが、縁起の立場です。このことを「衆縁所生《しゅえんしょしょう》」といいまして、どんなものでも、一つの縁だけから生ずるのではなくて、必ず多くの縁が集って生ずるのです。これと異なる見方は「因果」の立場であります。これは「因から果が生ずる」という見方です。

例えば種子から芽が生ずる場合、因果論の立場は、原因である種子を立場として、因の種子と、果の芽とを直線的につなげて理解します。しかしこの立場では、芽の生ずることについて、種子以外にも多くの原因のあることが見落される危険があります。

これにたいして「縁起」の立場は、起ったもの（ここでは芽ですが）を先《ま》ずみとめて、この芽が何を原因として生じたかを探求するのです。この場合、種子はもちろん芽の生ずる重要な縁ですが、しかし乾いた種子は芽を出さないのでして、雨が降って種子がほどよく湿ったところで発芽の活動が起こります。その意味では、雨が降ることも重要な縁です。さらに季節が春の暖かい時候になっていることも大切です。さらに大地の力、土壌の力も大切ですし、芽には肥料の力もふくまれています。さらに呼吸のための酸素の力、光合成作用の炭酸ガスや太陽の光など、数えきれないほどの条件のあることが分ります。

すなわちこれらの力が集って、一つに融合して芽として現れるのです。縁の力は多数でありますから、それらの力が変化すれば、それにしたがって、果としての芽の在り方も変わっていきます。ここに、芽が芽でありつつも、絶えず形を変えていき、芽から葉が出て、茎も成長し、根は地中にのび、植物になっていくことが理解できます。このような流動的な在り方において存在を理解することが、縁起の立場です。

縁起の立場から存在を見ると、存在は縁の力によって生じたものという理解があります。例えば自分という存在を考えても、自分が絶えず多くの縁によって生かされているという理解が生じてきます。それは、吸いこむ空気を考えただけでも明らかです。自分は自分の力で生きているようですが、その「自分の力」というものも、縁の力が自己に摂取され、自己の力に転化したものであることが素直に受け容れられます。そこに、若い時には若い自己が、老年には老年の自己が、抵抗なしに受け入れられます。

縁起の立場では、自己が衆縁所生であることは自明でありますから、自己が「無我」であることも自然に理解されます。自己が衆縁所生であれば、自己は掴まれないのですから、自己に執着することも起こらないわけです。私共が自己に執着するのは、自分という「変わらないもの」があると思うからです。この変わらないものと考えられているものが自我です。心中に自我を認めるから、自己に対する執着がおこりますし、外部に同様に固定的なものを認めるから「我がもの」を立て、それらを執着することになります。

しかしこの執着から「苦」がおこります。釈尊は「苦からの解脱」を求めて出家されたのです。人間には生老病死の苦があります。しかしこれらはすべて自己に対する執着から起こっているのです。他に対する慢心、他人の成功にたいする嫉妬、異性にたいする愛欲など、すべて苦の原因でないものはありません。

これらの苦は、縁起を正しく理解し、行動することによって、解消して、涅槃の楽に転化することができるのです。そのためには、無常なる存在を無常であると、正しく知って、それに執着しないことが大切です。そこに固定的な狭い自己にたいする執着がなくなって、自己と社会とが一つになった「広い立場」に、生かされつつ生きることが可能になると思います。大乗仏教では、この「執着を持たないこと」を空に住すると表現しています。親族や財産、地位や名誉に執着する人には、そこに苦もあるが、同時にそこばくの楽しみもあるでしょう。しかしこれらの一切を放棄した人の住している安楽を知ることはできません。真の安楽は、一切を放棄することによって「一切と成る」ことの中にあるという意味です。この安楽は、縁起の理解から生ずるのです。縁起の理解とは、自ら縁起に成ることであり、縁起の主体的在り方を実現することであると言うことができます。

この縁起の理解とは、般若の智慧によるわけであります。ものを区別して知る「識の認識」からは、縁起の理解は生じません。般若の智慧については、前回に少しばかり述べましたが、ここには別の観点から般若と縁起について考えてみたいと思います。

例えば両親と子供の関係について見ますと、子供にとって父母は、自己の生まれる縁になっています。父母の生命力や遺伝質等が、子供が母親の母胎に受胎する起源になっています。仏教では両親の遺伝質のほかに、前世からの業の力がこれに加わって、それらが一つに融合して、母胎に受胎すると説いています。そうでないと両親の遺伝質や生命力だけで、自己のはじまりが形成されることになりまして、両親とは異なる「自己の独自性」を主張することができないと考えるからです。それはともかくとして、縁起の立場から見ても、両親は自分がこの世に生まれるに際して、大きな縁になっていることは明らかです。もちろん両親の遺伝質だけで、自己の始源がはじまるわけではないでしょう。それは同じ両親から生まれても、子供はそれぞれ同じでないことによって知られます。一卵生双生児でも、二人の間に微妙な相違があります。それ故、私共は両親から生まれながらも、両親とは一線を画した「自己」であるわけです。しかし同時に私共は、まぎれもなく両親から生まれたのでして、両親と自己とは、強い「つながり」があります。しかし自己は自己であって、親そのものではないのですから、両親と自己との間には「だんぜつ」もあります。

しかしこの「つながりと断絶」とは、自己と両親との間に見られるだけでなく、自己の成長を助けるあらゆる縁との間に認められることです。

しかしこの「つながり」すなわち「連続」と、それから「断絶」ということは、識の立場で示された理解です。つまり親と自己との間には、一面では「つながり」があることが認められるのですが、見方を変えた他の面では「断絶」が認められるという意味です。しかし連続と断絶ということは、相互に矛盾する概念ですから、同時に同所に連続と断絶とがあるということは、識の理解の立場からは言えないことです。

龍樹は『中論《ちゅうろん》』の中で、縁起を「八不《はっぷ》」で説明しています。すなわち「連続でもなく断絶でもない。生ずるのでもなく滅するのでもない。一（同じ）でもなく多（異なる）でもない、来るのでもなく去るのでもない（という）この八つの特質をそなえている縁起を説きたまう仏陀に帰依します」と述べておりまして、縁起は八不を特質としていると説いています。つまりさきに、親と自己との間には、つながりと断絶が認められると言いましたが、しかし連続と断絶とが同時同所にあることは矛盾でして、このことは成立しません。故に私共が、識の理解に立って、親と自己との間に、つながりと断絶とがあると理解するのは誤りであるわけです。そうではなしに、親と自己との関係を、般若の智慧で理解して、その理解を言葉で表現して「連続でもなく、断絶でもない」と言っているのです。形式論理の立場では、「連続でもなく、断絶でもない」を言いかえれば「断絶にして、連続である」ということになりますが、『中論』では、般若の理解が先にありまして、その理解は言葉では表現できないのですが、敢えてそれを言葉で示して「連続にもあらず、断絶にもあらず」と表現しているのです。般若の理解は言葉に依らないのです。生まれたばかりの赤児でも、母親を見ればにっこり笑う。おもちゃを出せば手をのばして取ろうとする。しかし生まれたばかりの赤児は、言葉を知っているのではないのですから、言葉を知らなくとも理解はあるのです。

般若は、無常な存在、変化しつつあるものを、あるがままに知る智慧でありますから、無我の智慧であり、無執着の智慧であります。これを空の智慧とも言っています。そして凡夫にも般若は不完全な形では活動しているのです。しかし煩悩を滅して、執着を離れるならば、般若の智慧は完全に活動するようになります。この般若の智慧は、識の理解では十分に示されないのでして、般若は無執着であり、主観と客観の合一した、そして苦を解消する安楽を本性とした智慧であるとしか言えないのです。この智慧が縁起を正しく知るわけです。

第六回　仏性

仏性とは、仏となりうる性質、仏とひとしい性質のことです。しかし仏性をそなえるのは、仏陀ではなくして、まだ成仏していない菩薩であります（仏陀の場合は、仏性と言わないで、法身と言います）。あるいは「一切衆生に悉《ことごと》く仏性あり」といいまして、すべての人に仏性があるといいます。しかし仏陀でない人が、仏陀とひとしい性質をそなえるとは、どういう意味でしょうか。仏陀とひとしい性質をそなえていたら、すでに仏陀であるべきであると考えられるからです。ここに「仏性の教理」のむつかしい点があります。この理解を誤ると、とんでもない解釈をするようになります。

ともかく仏性は、仏とひとしい性質であるといいましても、まだ「未成熟」でありまして、将来仏陀になりうる性質という意味です。たとい仏性があるといいましても、そのままで仏陀であるのではないのでして、凡夫が成仏するまでには、長い間の修行が必要であります。この修行を見落して、仏性と仏陀とを短絡しますと、因果撥無《いんがはつむ》の邪見に陥る危険があります。たとえば渋柿はそのままではしぶくて食べられませんが、しかし木の上にそのままおいて、秋の太陽に照らされ、つめたい秋風に吹かれて熟すれば、甘い柿に変わります。酒でも味噌でも同じことでして、仕込んだその時には、酒や味噌はできていないのです。適当な期間の熟成を経て、おいしい酒や味噌ができるのです。

仏性についても同じことが言えるのでして、凡夫に仏性があると言っても、凡夫がそのまま仏陀であるというのではないのです。しかし凡夫に直ちに仏陀たることが認められないから、仏性はないというのも極端な説です。瓦《かわら》を磨いても金にはならないように、仏性がなければ、いくら修行をしても成仏はできない道理です。仏性があるから、凡夫でも修行をすれば、成仏できるというのであります。それならば、仏性の「性」というのはどういうものでしょうか。

この点に関しまして華厳の『十地経《じゅうじきょう》』には、菩薩が「大悲をはじめとする」等の十種の心の助けをかりて、菩提心（成仏を望む決心）を発起しますと、凡夫地をこえて、如来の家に生まれて、如来の性を得て、歓喜地に住すると説いております。如来の家に生まれると、如来の子になるのですから、如来とひとしい性質をそなえるのです。そして成長すれば「法王子」となり、つぎには諸仏の灌頂を受けて、仏の位に即《つ》くのです。したがって成仏を目ざす行者には、「如来の家に生まれる」ということが重要なわけです。

この如来の家に生まれることを、『十地経』では「如来の種性《しゅしょう》(ヴァンシャ)をそなえる」と言っています。「ヴァンシャ」とは「血統」の意味でして、例えば婆羅門《ばらもん》の家に生まれた者は、婆羅門の種性が得られますし、クシャトリヤ(武士階級)の家に生まれた者はクシャトリヤの種性を得ます。この性を「種性」と言います。このように如来の家に生まれた者は、如来の種性を得まして、それまでそなえていた「凡夫の性」を捨てるのです。『十地経』では十地を説いていますが、その初地である歓喜地に入ることによって、凡夫地を捨てて、如来の種性を得ると言っています。この「如来の種性」は、「如来の性(ダーツ)」とも言うのでして、「ヴァンシャ」と言うのも、「ダーツ」(或いはゴートラ)と言うのも、この場合には意味に違いはないのです。大切なことは、この言葉を誤らずに理解することです。「仏のダーツ」を「仏性」と訳しているのです。

したがって厳密に言えば、菩薩が歓喜地に入ったときに、仏性をそなえることになりますが、しかしさきにも言いましたように大乗の『涅槃経』では、「一切衆生に悉く仏性あり」と言いまして、凡夫の時にすでに仏性がそなわっていると言っています。その理由は、聖者に仏性があるならば、すでにその人が凡夫であった時にもそれに類する性質がある筈であると考えまして、さらにそれをつきつめて考えて、「一切衆生に仏性あり」と主張したのであろうと思います。これと同じ思想は『華厳経』にもあるのでして、『華厳経』の「梵行品《ぼんぎょうぼん》」には「初発心の時に便《すなわ》ち正覚を成ず」と言っています。「初発心」というのは「初発心住」といいまして、十住の位の最初を言うのです。菩薩の位には、凡夫の時に十住・十行・十廻向の三十位がありまして、さらにそれを超えて修行が進むと聖者の位である「十地」があります。最初は初地の「歓喜地」に昇るのです。そして十地を満たすと、十地をこえて等覚の位に達し、一転して仏の位（妙覚《みょうかく》）にのぼるわけです。故に「初発心住」は、菩薩の修行における最初の位ですから、極めて低い位であるわけです。

しかしそれは上位の位と比較して見るからそうなるのでして、初発心住だけを考えてみますと、初発心、すなわち「はじめて真正の菩提心を発す」ということは容易にできることではないのです。人は、仏教に信心を得て、仏教徒になるとき菩提心を発す人があるでしょうし、或いは在家生活を捨てて、出家をするときに菩提心を発す人もあるでしょう。そのほかにもいろいろの機縁で菩提心を発す人があると思います。しかし大部分の人は少しの困難にあえばたじろいで、菩提心を捨ててしまいます。舎利弗が菩薩の修行をしていたとき、意地の悪い婆羅門から目をくれと言われて、片目をくり抜いて与えたのですが、そのあと婆羅門の仕打ちに一瞬怒りの心がおこり、菩薩の修行はむつかしいと言って、大乗から退転した話は有名です。

真正の菩提心を発す初発心住の前には十信の位がありまして、この段階で信心を修行するのですが、それに一万劫を要すると言われています。この長い修行の結果、信心が決定して、菩提心を発すのですから、この菩薩の発す菩提心の堅固なことは、何物にも比較できないのでして、仏陀といえどもこの決心を変えさせることはできないと言っています。このような堅固な発菩提心ですから、功徳が大きく、またその堅固なことを示すために「初発心の時に便ち正覚を成ず」と表現しているのだと考えます。

さらにまたものごとは、原因の方から結果を見ますと、結果は不確かですが、結果の方から原因を見ますと、原因の時に結果はきまっていたと考えやすいものです。例えば博士号を得るために研究をはじめるとしても、はじめた時には果たして博士号が得られるかどうか、自信はないと思います。しかし首尾よく博士号をもらって、あとから考えますと、自分には研究をはじめる時から、それだけの能力は十分にあったと考え易いものです。

このように成仏についても、原因から考えるのと、結果から考えるのとでは、見方が変わるものでして、仏性ありという考え方は、すでに成仏を達成した仏陀の立場から、修行をはじめた初発心の時を見るのです。ですから、初発心の時にすでに正覚する力がそなわっていると見ることになるのです。

故に「すべての衆生に仏性がある」ということは、仏陀の立場から見て言い得ることであります。凡夫自身がそのように主張する資格はないのです。凡夫が自分の心をすみからすみまで探してみても、仏性というような貴いものを見出すことはできないと思います。凡夫の心は、貪りやいかり、無知、慢心や嫉妬等のみにくい煩悩に満ちあふれていまして、どうひいき目に見ても、自分の心に高貴な仏性があるなどと断言できるものではありません。ですから自分の心に仏性があるなどと考えて、問題を提起しますと現実から遊離した議論になってしまうと思います。何故なれば、仏性の何たるかを知らないで、仏性の有無を論議することになるからです。ですから現実に足をつけて、自分の体験を踏みはずさないで、論議することが大切であると思います。

但し『涅槃経』には「十住菩薩は八聖道《はっしょうどう》を修して、少しく仏性を見る」と説いておりまして、真実の発心をした初発心住の菩薩以上になりますと、仏性がどんなものか、少しはわかると言うのです。ですからそれ以前の「十信の菩薩」や、さらにそれ以前の凡夫は、「悉く仏性あり」という如来の言葉を信ずるだけであると、『勝鬘経《しょうまんぎょう》』に説いております。十信までの菩薩を、『大乗起信論』には「不定聚」の菩薩と呼んでいます。これはまだ信心を修行中で、信心が決定していないからです。したがってわれわれ凡夫は、凡夫にも仏性があるという仏語を信じて、修行をすべきであります。故に『涅槃経』には「大信心は仏性なり」と説いています。真実の信心を得た人は、その信心の中に仏性の何たるかを知ることができるという意味です。

親鸞聖人はこの『涅槃経』の教えに基づいて、次のような和讃を作っております。即ち「信心よろこぶその人を、如来とひとしとときたもう。大信心は仏性なり、仏性すなわち如来なり」と詠《よ》んでおられます。これは『涅槃経』の経文よりも、一歩ふみこんだ解釈であると思います。

「大信心は仏性なり」は『涅槃経』の言葉でありますが、それにもとづいて「仏性すなわち如来なり」と言っておられるのは、これより一歩進んだ言葉です。さらにそれにもとづいて、信心を喜ぶ人は「如来とひとしい」と言っておられるのです。この言葉も『華厳経』にもとづいていると言われています。

しかし親鸞聖人はさらに「無㝵光《むげこう》の利益より、威徳広大《いとくこうだい》の信を得て、必ず煩悩の氷とけ、すなわち菩提の水となる」と説かれ、さらに「罪障功徳《ざいしょうくどく》の体となる。氷と水の如くにて、氷多きに水多し、障り多きに徳多し」と詠んでおられます。「無㝵光の利益」すなわち無㝵光如来（阿弥陀仏）より与えられた大信心の力によって、煩悩の氷がとけて悟りの水に転換する。故に罪障と悟りとは本性においては別のものではない。煩悩の盛んな人ほど、悟りの量も大きいのである。故に大信心だけでなく、罪障までもふくめて、仏性を理解すべきであるというのが、親鸞聖人のお考えではないかと思います。われわれもこの親鸞聖人の立場で仏性を受けとめるべきであると思います。

第七回　空性

『般若心経』には「観自在菩薩が深般若波羅蜜多を行ずるとき、五蘊《ごうん》は皆空であると照見された」と説いています。ここで「五蘊」というのは、五つのあつまりという意味で、これでもって私どもの心身や世界の一切を示すのです。それ故、五蘊皆空は自己をふくむ世界のすべてが空であるという意味で、観自在菩薩は深い般若波羅蜜多の実践によって、それを照見せられた、即ち洞察せられたという意味であります。

般若波羅蜜を行ずるとは、変化する現象世界を変化するままに見ることです。そのためには、自執着を捨てる必要があります。この「ありのままに見る智慧」が般若です。しかし私共には、自我にたいする執着がありまして、自己を自己同一と見るつよい習慣性があります。この執着に妨げられて、自己のありのままのすがたを見ぬくことができません。例えば私共は、大学に入学して勉強して、いまの自分よりもすぐれた自己になりたいと考えます。しかし現実の自己より進歩すれば、自己は変化し、自己でないものになるわけです。しかし自己の変化することを望みながら、しかし入学したときの自己と卒業するときの自己とが同じでありたいと思います。しかしこれは明らかに矛盾です。

この際、「同じ自己でありたい」と思うのは、自我にたいする執着でして、これは「識」の判断です。識は対象を割り切って判断しますから、対象を静止的につかみます。そのために自己の心中に「自我」という固定的なものを作りあげるのです。しかし実際は自己は絶えず変わっているのでして、固定的自我は存在しないのです。ただ自己の変わり方が緩慢ですので、識はその変化を無視するのです。この識の判断の背後にあって、心の変化するままに、自らも変化しながら理解する作用が般若の智慧です。般若は自ら変化しつつあるのですから、対象に執着することはありません。この無執着の智慧を「空の智慧」といいます。「空」とは「何もない」という意味ではなく、何ものにも執着しないという意味です。すなわち対象をありのままに知る智慧です。

般若は自ら変化しつつ理解する作用ですから、変化する対象を変化するままに理解することができます。この「変化するままの対象」が「空を本性とする存在」であります。この場合の空は、固定的実体がないという意味です。諸行は無常であり、あらゆるものが絶えず変化しているのですから、一切は空であるわけでして、この空を知る智慧が「空智《くうち》」です。すなわち般若であるわけです。そして何人にも、この般若の智慧が生まれながらにそなわっています。しかし般若は無執着の智慧でありますので、自己の心中に般若がはたらいていることを知ることはむつかしいのです。しかし私共は、心中の般若の作用を見きわめて、そのはたらきを強めていくことが大切です。ともかく一切諸法の空ということと、空智とは表裏の関係にあるのでして、空智に目ざめない限り、諸法の空を知ることはできません。

『大智度論』では、一切諸法を知る智慧を「一切智《いっさいち》」といいますが、これは一切諸法の本性が空であることを知る智慧ですので、一切智は空智であります。空を知れば一切諸法を知ったと言ってよいのです。しかしこのように一切諸法の共通相は「空」ですが、しかし現実には一切諸法はそれぞれ別々のものとして現れています。柳は緑りに花は紅《くれな》いと言います。太郎は太郎として、次郎は次郎として、それぞれ異なっていまして、両者が混同することはありません。このように世間の存在は千差万別でして、全く同じものはないわけです。このように世間の存在は区別されていて、整然と存在しているようですが、しかし諸行は無常でして、すべての存在が絶えず変化しています。例えば私共自身も絶えず変化しているのでして、まだ若いと思っているうちに、老いはわが身に迫っています。五十にもならないのに、若い娘さんに電車で席を譲られたら、誰でも強いショックを受けるでしょう。このように自己の老いは受け入れ難いものです。これは、自己を同一と見る識の判断にまどわされているからでして、同時に自我にたいする執着に基づくわけです。

もちろん古稀を過ぎて、老いが一段と進み、足腰も弱まれば否応なしに自己の老いを認めざるを得ないのですが、そこには深刻な苦しみがあります。この苦しみは自己にたいする執着から起こるのです。とくに死に直面した時には、現に生きている自分がどうして死なねばならないのか、そのことはなかなか理解し難いことでして、そこに深刻な苦しみがあります。この苦しみを超えるには、自己は絶えず変化していることをありのままに知る般若の智慧によって、現実をあるがままに知って、執着を離れる以外に方法はないと思います。

このように一切諸法はそれぞれ区別して存在していますが、しかし自己同一ではなく、絶えず変化しています。この存在を「仮有《けう》」といいます。私共は自己存在として他から区別して存在していますが、同時に周囲とつながっており、それによって絶えず変化しています。すなわち、自己は仮有として存在する無常なる存在です。この諸法の仮有を正しく知るのも、般若のはたらきでして、これを仮智といいますが、さきの一切智に対して「道種智《どうしゅち》」といいます。種々の種類の差別を正しく知る智慧のことです。したがって一切智と道種智とは表裏の関係にあります。空智の裏付けがあるから、個々の存在の無常を正しく知って、それが仮有であることを納得することができます。故に一切智と道種智とが対応しているように、空智と仮智《けち》とも対応しています。

即ちこの世界は「仮」の世界であります。自己も仮有でありますが、世界の一切が仮有であるわけです。若者がいつまでも若者であるのではないように、自分は善人だと思っていても、他人の誘惑にのって悪事を行えば悪人になるわけです。すなわち人間は、善を行うことにより善人となり、悪を行うことによって悪人となるのです。同様に教えることによって教師となり、学ぶことによって学生となるのです。大学にいる時は学生でも、家庭教師になって教えるときには、生徒からは「先生」と呼ばれるわけです。そこには、先生という固定的なもの、学生という固定的なものがあるのではないのです。

同様にホテルで研究会をしている時には、机として使われているものが、ひるになってボーイさんがそれに白い布をかけて、食器を並べれば、それは食卓になるわけです。そして庭で焚き火をしている時、古くなった机を持ってきて、その中に投げこめば、それは薪になっているわけです。すなわちものには固定的な「自性」（変わらない性質）があるのではなく、「はたらき」（機能）によって、在り方が変わっていくのです。すなわちものは「縁起」によって成り立っているのでして、諸行無常で縁の状態が変わりますから、存在それ自身も変わっていくのです。故にわれわれは知らないうちに老人になるのであり、気がついてみたら死に直面しているというわけです。このような存在の在り方を「仮有」というのでして、般若の仮智によって知られるのです。われわれが、苦を超えるためには、自己が仮有であることを正しく知ることが大切です。

空と仮の関係を、『般若心経』では「色即是空、空即是色」と表現しています。色とはいろや形のことですが、物や肉体などをも含めます。それらの一切が空であるのが「色即是空」です。

これは空智で知るのです。同時に、一切が空であるから、色が色として成りたつことができます。若し人間に善の自性があったら、悪人にはなれないわけです。しかしそうではなく、人間の本性は空であるから、善人も悪をなせば悪人となるのであり、その悪事が真実となるわけです。この点を一切が空であるから色が成立するとして、「空即是色」というのです。

そして存在の空を知る「一切智」と、諸法が仮有であることを知る「道種智」とを総合して、両者が別のものではないことを知る智慧を「一切種智」といいます。これは、空智と仮智とを総合した「中道智」とも言います。そしてこの三種の智慧は、すべて般若の智慧であります。

この空智と仮智と、中道智の関係を『金剛般若経《こんごうはんにゃきょう》』には、「心は心ではない、それだから心である」という仕方で説いています。「国土を荘厳するというが、国土の荘厳とは荘厳ではない。それだから国土の荘厳である」とも説かれています。これをさきの机の在り方に当てはめれば、「机は机ではない。それだから机である」と表現できると思います。机だ机だと思っていたものが、気がついてみたら食卓になっているのですし、また薪にもなっているわけです。机はたしかに机としての作用を現しますが、机という固定的なものがあるわけではないのです。世間には大小さまざまの机がありますが、「机とはこれである」という「机そのもの」は見つかりません。しかしそれだからどんな机でも机であることができるのです。この関係によって、「机は机ではない、それだから机である」という言葉の意味が理解できると思います。

心は心ではない、それだから心であるという立言も、心の内容は「心でないもの」ばかりですから、このように立言できます。そして心は刹那滅で絶えず変化していますから、過去の心も現在の心も、未来の心も不可得であると言っています。心はつかもうと思ってもその刹那に過去に入ってしまってつかめないのです。これは心だけでなく、一切諸法がそうですから、この点から一切諸法の空を知ることができると思います。

なお空と仮とを総合したものが中道であるといいましたが、この点に関しては別の機会に申し上げたいと思います。

第八回　浄土

浄土とは「きよらかな国土」という意味と、「国土をきよめる」という意味と、二つの意味があります。まず最初の意味で申しますと、きよらかな国土としての浄土の代表は、阿弥陀仏のおられる西方極楽国土であります。『阿弥陀経』には「舎利弗よ、彼の土は何が故に名づけて極楽となすや。其の国の衆生には、衆《おおく》の苦あることなし。但だ諸《もろもろ》の楽のみを受くるが故に、極楽と名づく」と説いていまして、阿弥陀仏の浄土ははじめは「極楽」と呼ばれていました。極楽は「安楽国土」ともいわれ、また「安養」とも言われていますが、意味は極楽と同じであります。

しかし極楽ということと、浄土ということとは、少しく意味に違いがあります。楽とか苦とかいうことは、身体の問題であるとともに、心の問題でありまして、それぞれの人によって違いがあります。美しい景色を見ても、心に深い悲しみがある人には、楽しみを感ずることはできないでしょう。あるいはまた重病にかかり、寝たきりの人には、少しの楽もないようですが、しかし看病してくれる人に感謝の気持ちをもったり、或いは和歌や俳句をつくることなどに熱中したりすれば、心の楽しみをうることは不可能ではないでしょう。さらにまた重い荷物を持って山を登ることは、他から強制される場合には苦痛でしょうが、しかし山登りがすきで、自分から進んで登るのであれば、身体の苦痛はあっても、心に楽しみがあるでしょう。

このように苦楽は、身体にかかわる苦楽とともに、心の感ずる苦楽がありますから、苦楽が外界にそのままあるのではないのです。

しかし極楽は、阿弥陀仏が衆生の苦しみを救わんとして、大慈悲心から建立された国土ですから、国土そのものが「安楽」の性格を持っていると思います。阿弥陀仏は衆生の苦しみを救うためには、衆生を極楽に迎えとって、悟りを得せしめる必要があると考えられたのでして、それに適するように国土を荘厳されたのです。衆生に悟りを得せしめることより以上の、安楽はないからです。

ただここで問題になるのは、法蔵菩薩が建立せられた極楽の功徳荘厳は、凡夫のわれわれには理解できないということです。そのために善導《ぜんどう》大師は「指方立相《しほうりっそう》」ということを説いています。善導は『定善義《じょうぜんぎ》』の中に、「今この観門は、等しくただ方を指し、相を立てて、心を住せしめ、而して境を取らしむ。総じて無相離念を明さざるなり」と説いていまして、ここに「方を指して相を立てる」と言っています。これは「西方」が極楽浄土を観想するのにふさわしいとして、西方を指定することを「方を指す」と言っているのです。そして次の「相を立てる」とは、夕日の美しさや、日光・月光・池水・樹木、その他の自然の美しさを素材にして、極楽の荘厳を構想することです。この「指方立相」は、『観無量寿経《かんむりょうじゅきょう》』に説かれている極楽を観想する方法であります。

『定善義』は、善導大師が著わされた『観経疏《かんぎょうしょ》』という『観無量寿経』を注釈した書物の一章でして、『観無量寿経』に説いている「極楽浄土の観法」を解説した書物です。とくに「定善義」は、禅定に入って浄土を観想する方法を示しています。上記の引用文には「総じて無相離念を明さず」と言っています。ほんらい浄土は無相（形がない）でありまして、念（心）の対象にならない（離念）のであります。これが無相離念の意味です。その理由は、形のあるものは無常でありまして、いつかはほろびるからです。故に真実の浄土は、形のあるものとして示すことができないのです。しかしそれでは凡夫には取りつくしまがないので、方便を設けて「指方立相の浄土」が説かれているのです。

善導大師は、前文のつづきに、次のように説いています。すなわち「如来は懸《はるか》に知る。末代罪濁の凡夫は、相を立て心に住すとも、尚得ること能《あた》わず、何《いか》に況《いわ》んや相を離れて事を求むるは、術通なき人が空に居して、舎を立つるに似るが如し」と述べています。末代の凡夫は指方立相の方法によっても、浄土の相を得ることは容易でないのですから、相を離れて浄土の荘厳を得ることがどうしてできようやと言っているのです。したがって指方立相の浄土を観ずることも容易でありませんが、禅定に入って、修行をくり返せばこれを観ずることができるわけです。

次に『大無量寿経』にも極楽の荘厳が説かれていますが、しかしそれを、『観無量寿経』の説と同じく指方立相の浄土と見ることは出来ないように思います。『観無最寿経』では、業処観という人工的な方法で極楽を構想して、観想しておりますので、そこで見られている極楽の結構は、かなり人為的な性格があります。これにたいして『大無量寿経』ではこれと違いまして、極楽をもっぱら「光明の世界」として示しています。例えば、極楽には無数の宝華がありまして、一々の華は三十六百千億の光を放っていると説いています。そしてその一一の光の中に三十六百千億の仏が現われて、一々の仏が百千の光明を放っていると説いています。そしてそれらの仏は、あまねく十方の衆生のために微妙の法を説いておられるといいます。

そしてその中央に居られる阿弥陀仏は、威神・光明とも最尊第一であり、その光明は百仏、千仏の世界を照らし、この仏の光明に及ぶものはないと説いております。そのために阿弥陀仏の別名を、無量の光の仏、無辺の光の仏、無縦の光の仏等と説いておりまして、親鸞聖人は、阿弥陀仏を尽十方無礙光《じんじっぽうむげこう》如来、不可思議光《ふかしぎこう》如来と尊称しております。

このように極楽は光明に満ちあふれた世界であり、その中心におられる阿弥陀仏は尽十方無礙光如来といわれ、障《さ》えるものなく十方に光明を放っておられる仏であります。親鸞聖人の「正信偈」に、阿弥陀仏の光明を説いて、「摂取の心光つねに照護したもう」と述べています。即ち、仏の光は衆生の心の中までも照らしておられるといわれます。そしてさらに親鸞聖人は「一切の群生光照を蒙《こう》むる」と述べておられまして、衆生はこの世に生きているうちから、如来の光明に光被されていると見ております。しかし貪り・愛欲・瞋《いか》り・憎しみ等の煩悩の雲霧が、常に真実の信心の天を覆っているので、衆生は自己の心中までも如来の光明が照らしておられるのに、気がつかないと述べています。

このように極楽は光明に満ちあふれた世界であり、阿弥陀仏は光明そのものであるとするならば、極楽こそ「浄土」と呼ぶにふさわしい「きよらかな国土」であると言うことができます。親鸞聖人は『教行信証《きょうぎょうしんしょう》』の「真仏土の巻」において、次のように説いております。「謹しんで真仏土を按んずるに、仏とは則ちこれ不可思議光如来、土とはまた是れ無量光明土なり。然れば則ち大悲の誓願に酬報するが故に、真の報仏土と曰うなり」と述べておられます。すなわち極楽は「無量の光明の世界」であり、そこにおられる阿弥陀如来は、凡夫の思議することのできない光明の如来であると見ておられるのです。そしてこの仏と国土とは、法蔵菩薩の「大悲の誓願」に酬いて成立したものであるから、仏は報身の仏陀であり、国土も報土であると言われるのです。親鸞聖人は、真実の信心をうることによって、この如来の光明につつまれ、仏と一体となるという信仰体験を得られたのではないかと思います。その理由は、『末灯鈔《まっとうしょう》』に「信心の人をば諸仏とひとしと申すなり。また補処《ふしょ》の弥勒《みろく》とおなじと申すなり」と述べ、真の念仏者を諸仏に等しいと説いておられるからです。そして阿弥陀仏は「この世において真実信心の人を護らせたもう」とも言っておられます。安養浄土に往生してから護りたもうのではなく、この世において護りたもうのであると説いております。

ともかく阿弥陀如来や浄土のことは、凡夫の思慮を超えていますから、これ以上言及するのを避けたいと思います。

最初に、浄土には「きよらかな国土」の意味と共に、「土をきよめる」という意味のあることを申しましたが、この意味の浄土は『般若経』などに説かれているのでして、菩薩の修行道として重要であります。『般若経』には「菩薩摩訶薩《まかさつ》は、一仏国より一仏国に至り、衆生を成就し、仏国土を浄《きよ》める」と説いています。ここに「仏国土を浄める」すなわち「浄仏国土」の修行が説かれています。この浄仏国土の行が、菩薩の修行の基本であります。仏国土をきよめることによって、浄土すなわち「きよめられた国土」が成立するからです。『大無量寿経』によりますと、法蔵菩薩は世自在王仏にたいして、浄土を建立する方法を教えていただこうとして、「諸仏如来の浄土の行を敷演《ふえん》したまえ」とお願いしています。そして世自在王仏の教えにしたがって、最初に、浄土には「きよらかな国土」の意味と共に、「土をきよめる」という意味のあることを申しましたが、「荘厳仏国清浄の行」を思惟し、摂取して、兆載永劫《ちょうさいようごう》の修行の結果、極楽浄土を建立されたのであります。故に極楽は、法蔵菩薩の「清浄の願心」によって建立されたのであります。

故に曇鸞大師は、極楽やそこに住する仏や菩薩達のそなえる荘厳功徳は、すべて法蔵菩薩の清浄願心によって荘厳されたものであるから、清浄であると説明しています。すなわち原因である法蔵菩薩の願心が清浄であるから、結果としての極楽が清浄であるという意味です。故に私共は、極楽の浄土を念ずるときには、法蔵菩薩の願心の清浄と、法蔵菩薩の兆載永劫の修行の清浄とを思念すべきであると思います。『維摩経』にも「若し菩薩が浄土を得んと欲すれば、当さに其の心を浄むべし。其の心浄きにしたがいて、則ち仏土浄し」と説いておりまして、菩薩が浄土を得んと欲するならば、まずその心を浄むべきであると説いております。しかし浄土の清浄の実現は、法蔵菩薩のごとき自力難行の修行をなしうる大菩薩にのみ可能なことでありまして、凡夫になしうることでないのは言うまでもないことであります。凡夫にとっては、浄土と自己とをつなぐものは、親鸞聖人が重要視された「真実の信心」であると思います。

第九回　禅宗

「禅」は「ジャーナ」(jhāna)を音訳した言葉で、「静慮《じょうりょ》」(心を静めること)という意味です。これは「ヨーガ」(yoga ＝ 瑜伽《ゆが》)と同じ意味に使われています。ヨーガは「結びつける」という意味でして、心を対象に集中することをいいます。ジャーナもヨーガも、心を対象に集中し、精神を統一する方法を意味します。そしてこの心の統一した状態を「サマーディ」(三昧《さんまい》)といいます。サマーディは「等持《とうじ》」(心を等しく持する)と訳し、また「定《じょう》」とも訳します。心が三昧に住し、静まって、鏡のようになったとき、対象界が心にあるがままに映るのです。故に真理を発見するためには、心が三昧に住することが必要です。そしてさきの禅と、この定とを一つにして「禅定」とも言われています。

ともかく禅は精神を統一する方法ですから、結跏趺坐《けっかふざ》して安楽に坐るとか、呼吸を数えて心を統一するとか、あるいは白骨を観じて執着をはなれるとか等の「手段」をそなえています。この禅の実習の結果、心が静まって、心が定を得ると、その定を得た心で法を観ずるのです。そして法の理解によって般若の智慧を強化し、煩悩を断じて悟りを実現せんとするのです。すなわち禅の実習によって心が静まっただけでは、悟りを得たとは言えないのです。これは中国の禅宗の場合も同じでして、禅宗と言っても、単に禅を実習するだけではないのでして、公案を参究し、法を観じ、真理を探求する努力がふくまれているのです。この自覚がありませんと、禅を実習しても、そこに得られる寂静の味を楽しむだけに終わってしまいます。

しかし、釈尊の時代の禅は、静かな禅でありまして、心が定を得て寂静になる段階を初禅・二禅・三禅・四禅の四つの段階に区別しています。そしてさらにその上に、空無辺処《くうむへんしょ》・識《しき》無辺処・無所有処《むしょうしょ》・非想非々想処《ひそうひひそうじょ》の四つの段階を説いています。そしてこのような「禅定を得た心」において、五蘊の無我を観ずるとか、四念処《しねんじょ》を観ずる、四聖諦を観ずる、十二縁起を観ずる等の「観法」を修するのです。

しかし大乗仏教がおこりますと、原始仏教の観法も引きつづき行われていますが、さらにその上に大乗独自の「動的な観法」がおこっています。それは般若波羅蜜の実践ははげしい修行でありますので、その烈しい修行を支える三昧は、どうしても気力のあふれた、烈しい性格の禅とならざるを得なかったのです。この六波羅蜜の修行を支える三昧を「首楞厳三昧《しゅりょうごんざんまい》」（śūraṃgama-samādhi）といいまして、「勇健三昧」と訳します。シューラ（śūra）というのは、勇気のある戦士のことでして、成仏という大望を持つ菩薩にたとえているのです。そのために菩薩には、烈しい修行をやりとげる「不撓《とう》不屈の気力」が必要でして、この気力を湧き起こさせる三昧が首楞厳三昧です。『般若経』にはこの首楞厳三昧をはじめとする百八三昧が説かれています。

このほかにも大乗仏教の三昧には、阿弥陀仏を観ずる「般舟《はんじゅ》三昧」や、『法華経』にもとづく法華三昧、『華厳経』にもとづく華厳三昧等が有名です。しかし大乗仏教の諸三昧の根底には、般若の空観にもとづく「空の三昧」と、唯識《ゆいしき》仏教にもとづく「唯識観」とがつらぬいています。そして大乗の諸三昧の動的な性格は、空観から出てくるものと考えます。

仏教は西紀前後のころからシルクロードをたどって、中国につたわりました。仏教が中国の長安に伝わったのは西紀一世紀のころと言われています。さらに経典が翻訳されたのは西紀一五〇年ごろと見られています。それから数百年の間に、西域《さいいき》やインドから多くの仏教僧が中国に来まして、法を伝えました。その中には、経典を翻訳した訳経僧も多かったのですが、その外に戒律を中心とする「僧徒の生活作法」を伝えた僧や、禅の実践を伝えた人や、その他種々の僧がありました。そして禅宗を中国に伝えた菩提達摩も、これらの渡来僧の一人であったのです。

しかし達摩（達摩の摩はのちには磨と書く）以外にも、中国に禅を伝えた人は少なくありません。古くは西紀一五〇年ごろに長安に来た安世高《あんせいこう》は、小乗の禅の経典を翻訳し、中国にインドの禅を紹介し、その実習方法も教えました。さらに大乗禅としては、四〇六年に長安に来た仏陀跋陀羅《ぶっだばっだら》が有名です。彼は『華厳経』を翻訳しましたが、同時に『観仏三昧経《かんぶつざんまいきょう》』や『禅経修行方便《ぜんきょうしゅぎょうほうべん》』等を訳し、禅の実習をも伝えています。その後、曇摩蜜多《どんまみった》や仏陀跋陀・畺良耶舎《きょうりょうやしゃ》などが中国に来て、禅法を伝えました。畺良耶舎は『観無量寿経』を訳しましたが、禅が専門でして、一度入定すると七日定より起《た》たなかったといいます。そして常に三昧正受をもって諸国を教化して回ったといいます。しかし彼等以外にも、中国に来た禅師は多いのでして、そして中国僧の中にも禅法にすぐれた僧が多数輩出しています。仏陀跋陀の弟子の慧光《えこう》や道房《どうぼう》・僧稠《そうとう》などが有名です。

中国に興った禅宗は達摩の伝えた禅が中心であったのですが、当時すでに中国に伝えられていた小乗の禅法や大乗の三昧の影響を受けたと考えられます。さらに老荘の道士たちも山に住して修行していましたから、彼等の思想や実践方法なども、中国の禅宗の発展に影響を与えたと考えてよいと思います。そこに、インドの禅とはニュアンスの違った、中国独自の烈しい禅を説く禅宗が成立したのです。

菩提達摩は南インドの出身で、国王の第三子であったといいます。しかし波斯《ペルシャ》人であったともいいます。彼は出家して大乗仏教を学びましたが、辺国に仏教を広めんとして中国に来ました。彼が中国に来たのは四七〇年ごろでして、南方の海路により中国南部に達しました。そして梁の武帝（五〇二―五四九在位）に面会して、問答をしたとも言われますが、これは史実でないようです。

その後、達摩は北方の魏の国に行ったと言いますが、しかし禅を広めるのに機が熟していないと見て、嵩山《すうざん》の少林寺に退き、面壁九年であったと言われています。しかしその間、教えも説き、弟子を接得したのでしょう。彼には「二入四行」の説があったといわれ、弟子に慧可（僧可、四八七―五九二？）があり、禅宗の第二祖になります。その後、第三祖僧璨《そうさん》・第四祖道信・第五祖弘忍と次第して、とくに弘忍（六〇二―六七五）には「東山弘忍の十大弟子」がいわれ、弟子が多く、次第にこの系統が禅の主流になります。

とくに弘忍の弟子には神秀と慧能が出て、「南頓北漸《なんとんほくぜん》」というように、漸悟を説く神秀と頓悟を説く慧能（六三八―七一三）とによって、北宗と南宗とに分かれました。そして慧能の南宗が禅の主流になっていきます。或るとき師の弘忍から所見を呈せと言われて、神秀は「身体は悟りの樹であり、心は明鏡の台の如くである。たえず努力して磨き、塵埃《じんあい》をつけてはならない」と述べたのにたいし、慧能は「悟りに樹は要らず、明鏡にも台は無用である。心性は本来無一物《ほんらいむいちもつ》であるのに、どこに塵埃のつく余地があろう」と所見を呈したといいます。

慧能は広東省の出身で、家が貧しく、若い時には市に薪を売って生活していましたが、『金剛般若経』を誦するのを開いて発心し、弘忍の門に入ったといいます。のち弘忍から東山法門の衣鉢を授けられ、故郷の曹渓山宝林寺に帰り、大いに禅風を挙揚しました。

慧能には嗣法の弟子が四十余人ありましたが、その中で、青原行思《せいげんぎょうし》の系統から曹洞宗や雲門《うんもん》宗《しゅう》がおこり、南嶽懐譲《なんがくえじょう》の系統から洪州宗《こうしゅうしゅう》がおこりました。すなわち南嶽の弟子に馬祖道一があり、江西に化を布《し》きましたが、その弟子に江西省の洪州百丈山《ひゃくじょう》に百丈懐海が現われ、禅院の生活規範を制定して、「百丈清規《しんぎ》」を著わしました。この百丈の弟子に黄檗希運《おうばくきうん》と潙山《いさん》の霊祐《れいゆう》とがありまして、前者から臨済義玄が現われ、後者から仰山《きょうざん》の慧寂《えじゃく》が現われまして、黄檗宗・臨済宗・潙仰《いぎょう》宗などがおこりました。

このように青原行思と南嶽懐譲の系統にすぐれた禅者が現われまして、慧能の系統の禅が中唐以後盛大となりました。そして唐末の武宗の破仏をも乗り切って、禅宗の黄金時代を築きました。武宗の破仏で仏教が全体として衰運に向かったとき、禅宗だけが盛大になりましたのは、禅宗が中国的な仏教になっていたことと共に、朝廷や貴族の援助に頼らないで、山野に住して簡素な生活に堪え、作務を行って自給自足の修行生活をしていたからです。有名な百丈清規は、この禅門の生活規範を示したものですが、その中には修行僧がすべて作務をなすことが述べられています。そのために老齢になった百丈が弟子のすすめで、止むなく作務を休んだとき、食事をとらず、「一日作《な》さざれば、一日食らわず」と言ったことは有名であります。

このように禅宗教団が権門に媚《こ》びず、朝廷や貴族の経済的援助を受けなかったところに、彼等が自ら理想と信じた修行生活をなし得たのです。

達摩は『楞伽経《りょうがきょう》』を心要しましたが、慧能は『金剛経』を重んじたといいます。しかし禅宗としてはとくに所依の経典はなく、故に「教外別伝《きょうげべつでん》、不立文字《ふりゅうもんじ》」とも説かれます。そして自己の悟りの体験を卒直に示すことが尊重され、そのために「語録」が作られるようになりました。このように祖師の語録を重んずる点から「祖師禅」とも言われました。

そして弟子の教育にも一定のきまりはなく、坐禅を中心としながらも、弟子の接得に「払拳棒《ほっけんぼう》喝《かつ》」が用いられました。そして無所得や無念・無心が尊ばれ、そして直ちに人間の心性を洞察して、「直指人心《じきしにんしん》、見性成仏《けんしょうじょうぶつ》」を実現することが目的とされたのであります。

第十回　阿頼耶識

阿頼耶識《あらやしき》は唯識仏教で、人格の主体を示す言葉です。「阿頼耶」は「アーラヤ」（ālaya）の音訳語でして、「住所」という意味です。「蔵」と訳されています。即ち阿頼耶識を「蔵識」といいます。阿頼耶識は何を蔵しているかといいますと、「種子《しゅうじ》」を蔵しているのです。種子と言っても、植物の種子《たね》ではないのでして、この場合の種子は善悪の行為が、あとに残した「見えない力」をいうのです。この力から結果が生ずるので、種子というのです。種子には名言《みょうごん》種子と業種子とがありますが、ともかくこれらは「潜在的な力」でして、それが種子と呼ばれて阿頼耶識に蔵せられているのです。この種子は、因縁が合すると表面心に呼び出されて「現行《げんぎょう》」となります。しかし心は刹那滅をくり返していますから、表面心の現行は刹那に形を変えて、再び種子となって、阿頼耶識に薫習《くんじゅう》をされます。

この阿頼耶識の種子と、表面心の現行、さらにこれが種子に変わって阿頼耶識に薫習されることの三者の関係を「種子生現行、現行薫種子、三法展転因果同時」と言います。なお阿頼耶識に蔵せられている種子は無数にありますから、現行に現れない種子が沢山あります。これらの種子も刹那滅のものですから、この刹那に滅する在り方を「種子生種子」と言います。ともかく阿頼耶識が種子を蔵している点を「能蔵」と言います。

これにたいして表面心の現行が、阿頼耶識に種子を薫習する場合には、表面心が主となり、阿頼耶識は表面心から種子を受け入れるわけですから、この場合の阿頼耶識を「所蔵」といいます。

以上、阿頼耶識の「蔵」の意味には、能蔵と所蔵の意味がありますが、もう一つ「執蔵」の意味があります。これは「我として執着されている」という意味です。阿頼耶識はわれわれの心の奥の「無意識の領域」に活動していますが、われわれには阿頼耶識の活動はよく分かりません。そのためにわれわれは、心内の阿頼耶識を自己の「自我」と思い誤るのです。われわれが「自我である」と思っているものは、実際には自我ではなくて、阿頼耶識であるという意味です。

私共は漠然と「心の中に自我がある」と思っています。しかしその自我はどんなものかと自己反省をしてみますと、自我は途端にぼんやりとしたものになり、つかみどころがありません。「これが自我だ」とはっきりつかめるものが、心の中にあるわけではありません。唯識仏教で言えば、私共が自我だと思っているものは、実には阿頼耶識であるというのです。しかし、阿頼耶識の主要部分となっている種子は、刹那滅で無常ですし、しかも種子は現行に変わって消滅します。さらに新しく種子が現行から作られて、阿頼耶識に薫習されますから、種子には増減があります。

このように阿頼耶識は無常でありまして、絶えず変化していますから固定的な実体ではありません。われわれの人格は生まれてから死ぬまで、自己同一でつながっているようですが、しかし少しずつ変化していきます。その人格の主体の中心が阿頼耶識ですから、阿頼耶識はわれわれの執着している「自我」とは同じでありません。しかしわれわれは阿頼耶識を自己反省でつかんで、これを「自我と誤解」しているのです。この誤解し、執着している点を「執蔵」というのです。

われわれの認めている自我は漠然としていますが、しかし自我に対する執着は強固です。何故強固であるかといえば、その執着が阿頼耶識に基づいているからです。

以上、阿頼耶識の「阿頼耶」すなわち「蔵」に、能蔵（種子を蔵している）・所蔵（現行から種子を薫じつけられる）・執蔵（自我と誤解される）の三義のあることを述べました。三種の蔵のうちでは、第三の執蔵が重視されますが、同時に能蔵の意味も重要です。これは現代風に言えば、われわれの潜在心（無意識の領域）に、遺伝や性格・記憶などが蔵せられていることを言っていると理解してよいと思います。遺伝・性格・記憶等は、無意識の領域にある限りでは、作用を現わさないのです。それらが機会を得て表面心に現れると作用を現すわけです。種子の中には、これらの作用のほかに、「運命」とも言うべき、「業の力」が含まれています。われわれがこの世に生まれたということがすでに、自己の力ではどうすることもできないことでして、業の力に動かされているわけです。

ともかく阿頼耶識を蔵識という場合には、過去の心理的・生理的な力が変化して種子となり、ここにかくされているという意味です。次に阿頼耶識の成立について述べたいと思います。

阿頼耶識は人格の主体でありますが、そのはじまりはわれわれが母親の母胎に宿ったときです。これを「結生の識」といいます。生理学的に言えばわれわれのはじまりは、父親と母親の遺伝子が合体した受精卵が、母親の胎盤に受胎した時にはじまりますが、しかし父親と母親との遺伝子だけで、われわれのはじまりが形成されるわけではありません。それでは自己が、父とも母とも異なる第三の独自の存在であることを主張することはできません。例えば一卵性双生児の二人は、顔付きも、考え方も区別ができない程によく似ています。しかし両者は別人でして、取りかえることもできませんし、どちらか一人有ればよいというものでもありません。彼等は異なった配偶者と結婚し、異なった子供を作り、別々の人生をたどります。すなわちたとい遺伝子はよく似ていても、両者の人生は違いますし、その運命も違います。

このように各人の運命が異なるのは、われわれのはじまりが、単に両親の遺伝子の合体だけにあるのではなくして、さらにこれに「或るもの」が加わって起こるからであります。唯識仏教で言えばこの「或るもの」とは阿頼耶識の種子であるというのです。即ち人が臨終に至り、死が起こると、阿頼耶識の種子は一つのまとまりになり、その身体を離れ、次の生存を求めて去るのでして、この去るものを「種子の阿頼耶識」といいます。この種子の阿頼耶識が次の生存の生処を見つけて、父母の遺伝子と合体するところに、新しい生存がはじまると考えるのです。

このように前の生存から連続して来るのは種子の阿頼耶識ですが、これが父母の遺伝子と合体して、母親の母胎に託したものを、「現行の阿頼耶識」といいます。そして種子の阿頼耶識はその中に含まれるのです。故に現行の阿頼耶識は母胎に宿った時にはじまり、死において肉体が腐敗消滅する時に終わります。即ち種子の阿頼耶識が人間の母胎に託すれば、人間の現行の阿頼耶識ができます。そして人間として一生を生きるのです。しかし種子の阿頼耶識が、犬の母胎に託すれば、犬の現行の阿頼耶識ができるのでして、犬として一生を生きることになります。

したがって何処に受胎するかということは大きな問題でありますが、次の生存の生処をきめることを「因転変《いんてんぺん》」（玄奘《げんじょう》はこれを「因能変《いんのうへん》」と訳しています）といいます。そして実際に次の生存に生まれることを「果《か》転変」（玄奘は「果能変」と訳しています）といいます。したがって父母の遺伝子と合体して、母胎の中に現行の阿頼耶識ができることは、果転変（果能変）であるわけです。

因転変は、阿頼耶識の中の種子（名言種子と業種子）が成熟することですが、その結果成立する果転変は、三種の転変といいまして、阿頼耶識が母胎に託する（阿頼耶識転変、これを異熟《いじゅく》転変といいます）ことだけでなく、第七識の末那識《まなしき》の転変（思量転変《しりょう》）と、前六識の転変（了別境転《りょうべつきょう》変）との三種の転変が同時に成立します。即ち現行の阿頼耶識が母胎に託したとき、同時に第七識の末那識と、前六識、すなわち眼識・耳識・鼻識・舌識・身識の五識と第六識の意識もすでに成立しているというのです。このように現行の阿頼耶識は一生つづくだけですが、その中心となっている種子の阿頼耶識は前世からつながっているものです。この種子の阿頼耶識の立場で、阿頼耶識は輪廻の主体であるというのです。

唯識仏教では、われわれの心の活動を八識に分けて説明しますが、これらの八識は阿頼耶識が母胎に託するとき、同時に成立していると見るのです。そして八識のうち第七の末那識と意識等の六識とを合して「転識」といいまして、心の表面の活動を行う識といいます。即ち「種子生現行」の「現行」は、これらの七識の認識界をいいます。これらの七識は現行の阿頼耶識（第八識）に蔵せられている「種子」から現われるのです。

唯識仏教の「唯識」ということは、この七識と阿頼耶識との相互関係で説明するのですが、その説明は別の機会にゆずります。ここにはもう少し阿頼耶識について説明します。

阿頼耶識は因転変、すなわち名言種子と業種子が熟した結果生じたもの（果転変）でありますが、しかしこれは前世の善悪業の果報でありますので、阿頼耶識を「異熟識」ともいいます。さらに無限の過去世からの一切の種子を所有していますから「一切種子識」とも言います。

過去世の善悪業の結果のことを「異熟果」といいますが、阿頼耶識は善悪業の果報でありますので「異熟識」といいます。私共が持って生まれた智力・体力、その他の能力は生まれることによって与えられたものですので異熟果といいます。そして広い意味では、肉体や環境までも含めて阿頼耶識といいます。例えば肉体が生きているのは、阿頼耶識が二十四時間目覚めていて、肉体を生かしているからです。意識や末那識は気絶や滅尽定などにおいては活動しなくなりますので、生命を維持する主体にはなり得ないのでして、阿頼耶識だけが、生命的・心理的・精神的諸活動を統括し、支配する力があるのです。阿頼耶識については、まだ多くを説き残していますが、今回はこれで終わりにします。

第十一回　唯識

唯識とは、われわれが「外界である」と思っているものは、心の現し出したものであるという意味です。これは、『解深密経《げじんみっきょう》』に「識の所縁は、唯識の所現であるが故に」という教説で示されています。「三界《さんがい》は虚妄《こもう》にして、但だ是れ一心の作なり」ということは、『十地経』に説かれていまして、「唯心」ということは、「唯識」と意味は同じでして、大乗仏教では古くから認められていた思想であります。そしてこの考えは、さかのぼれば原始仏教にも見られる思想です。

唯識ということが、仏教でどうして発見されたかといいますと、これは坐禅の実践に関係があります。坐禅の修行におきまして、熱心な人は、朝から晩まで禅定に入っています。そして深い瞑想にはいっていますと、外界にたいする関心がなくなりまして、夢を見ている時と同じように、心の中だけの認識になります。そういう瞑想の世界で「仏を見る」等の不思議な体験がおこります。これが観仏三昧です。しかし瞑想の中で見られた仏陀が、そのまま外界にあるとは考えられませんから、いま心で見ている仏陀は、心自身が現し出したものであると知るのです。そして覚醒時の認識も、基本的にはこれと変わりないことを洞察するのです。

例えば友人の下宿を訪ねたら、友人は蒲団の中で寝ていたとします。そして火鉢にはお湯が沸いており、お茶菓子もあるとします。そこでその人はお茶を入れて、お菓子を食べて、友人が目をさますのを待っていました。しかしいつまでたっても目をさまさないので、「起きよ」と言って手を引っ張ったら、その手は冷たかったというのです。つまり眠っていると思った友人は、死んでいたのです。しかしそれが死人だとわかると、部屋全体が気味悪いものに変わってしまいます。そして食べたお菓子も気持ちが悪くなるでしょう。

つまり眠っている人か、死んでいる人かは、目で見ただけでは分からないのです。しかし私共は、目で見ただけで外界のものを判断しがちです。

或いは次のような例もあります。例えばホテルで研究会を開いている時、机の上に本やノートをひろげて、勉強をします。しかし昼になってボーイがやってきて、机に白い布をかぶせて、その上に食器を並べたら、それは食卓であるわけです。したがってそこに「机」という固定的なものがあるわけではないのです。人間の心が、それを机であると認識し、或いは食卓であると構想するのです。つまり勉強をすれば机ですが、食事をすれば食卓であるのです。故に机であるか、食卓であるかは、目で見てきめるのではなく、心で判断してきめるのです。

このように外界は、目で見てきめられるのでなく、心で判断してきめられるので、外界は心で作り上げたものであるというのです。しかも心で考えることは、人それぞれに異なっていますから、われわれの外界の受けとめ方も、人によって違いがあるのです。したがって、他人も自分と同じものを見ていると考えると、相互の間に誤解がおこります。唯識の教理は、まずこの点に注意を喚起しているのです。

唯識説で、外界は心の現し出したものであるといいましても、外界が無いというのではありません。しかし何があっても、心で認識しなければ有るとは言えません。自分の衣の襟《えり》に高価な宝石が縫いこめられていても、それを知らなければ、無いのと同じです。ものが有るから認識されるといいますが、実際には、認識されるからものが有るのです。しかも外界を認識するとき、外界を材料にして心が外界を作り上げているのです。そして私たちは、心が作り上げた外界を認識しているのです。それ故、心が作り上げる以前の外界は知りようがないのです。

例えば雨のあとに、天空に美しい虹が出たとします。私共はそこに七色の色があると思いますが、しかしそれは光の屈折で色が現れているにすぎないのです。大空に赤や黄・紫などの色素があるわけではないのです。赤色の色素でも赤色が見えますが、光の屈折だけでも赤色は見えるのです。あるいは小鳥のさえずりが聞こえる人には、姿は見えなくとも小鳥が近くにいるのです。しかし耳が遠くて小鳥の鳴きごえが聞こえない人には、小鳥がいるかいないかを論議しようがないわけです。このように聴力の良い人と、悪い人とでは、音の世界がすっかり変わってしまいます。同様に視力の弱くなった老人には見えない物も、若い人にははっきり見えるでしょう。しかし私共は、自分の見えるものが、そのまま外界にあると思っています。

このように私共の見ている世界は、人それぞれに異なっています。その理由は、私共の外界を認識する力が、人それぞれに違っているからです。われわれの心の奥には阿頼耶識がありまして、外界を認識する力はすべてここから出てくるのですが、この阿頼耶識が人によってそれぞれ異なるからです。

阿頼耶識は、心の無意識の領域にありますが、ここに遺伝や記憶、性格、過去世の業力等の諸力をたくわえて、それらを統一して活動しているのが阿頼耶識です。阿頼耶識は心の無意識の領域にありますから、われわれにはその存在は分かりませんが、しかし失われた記憶が突然意識の表面に現れたりしますと、それが無意識の領域から出てきたと考えざるを得ないわけでして、無意識の領域に過去の経験が保存されていることを認めざるを得ないと思います。それが阿頼耶識です。阿頼耶（ālaya）とは「貯《たくわ》える」という意味でして、「蔵識」と訳されています。

阿頼耶識は自己の心理活動と生命活動とを併《あわ》せて統括する人格的主体です。阿頼耶識を認識する第二の阿頼耶識はありませんから、阿頼耶識の存在は認識されないのです。阿頼耶識は二十四時間断絶しないで活動し、血液の循環や消化活動等の生命活動を持続させると共に、表面心の心理活動を推進するものです。表面心が眠っている時でも、阿頼耶識は目覚めています。この阿頼耶識が肉体を捨てて去る時が個体の死であります。

つぎに表面心の活動を見ますと、これは意識の世界をいうのです。心を「一つのもの」と見ることもできますが、それを作用に分けて、分析して理解することもできます。分析しますと、表面心は七種の識に区別されます。それらは眼識・耳識・鼻識・舌識・身識の「前五識」と、第六の意識、さらに第七の末那識とに分けます。

前五識は感覚的な認識でして、これは五つの領域に分かれます。すなわち眼識は視覚のことで、色を見ますが、声をきくことはできません。耳識（聴覚）が声を聞きます。鼻識は香（におい）を嗅ぎ、舌識は味覚でして、味を知る。身識は触覚のことで、熱い・冷たい・堅い・柔らかい、その他触覚で知る知覚を指します。これらの五つの感覚の領域は、それぞれ分かれていまして、眼で音をきいたり、耳でにおいをかぐということはできません。それ故、感覚は眼識等の五識に分かれるのです。

これらの五識の結果を総合して知るのは、第六の意識です。例えば精巧に作られた金メッキと、純金のものとは、目で見ただけでは区別がつき難いものですが、手でさわったり、重さをくらべたり、舐めてみたりして、それらの結果を第六意識で総合して判断しますと、メッキと純金とでは微妙な違いが出てくるのです。

西洋思想で「意識」（consciousness）という場合には、前五識の感覚的認識をもふくめて、六識すべての内容を指すようですが、唯識仏教では、作用の違いによって識を区別しますので、前五識の感覚を除いて意識を立てます。故に意識の範囲がせまくなります。

六識のうち、前五識は感覚ですから、現在の対象だけを認識します。過去や未来の存在は認識の対象になりません。例えば昨日経験した火傷《やけど》の熱さは、身識で思いおこすのではなくして、意識で思いおこします。意識で思い出した熱さが、どれほど熱くても、二度火傷をすることはないからです。一度過去に経験したものは、五識で再び経験することはありません。例えば「結婚しましょう」と言っても、その言葉はすぐ消えて無くなります。しかしその言葉の力は無になるのではないのでして、言葉としては滅しますが、滅するときに「種子」に形を変えて、阿頼耶識に植えつけられて保存されます。これは言葉だけでなく、色や香、味、触覚の対象等もすべて同じでして、阿頼耶識から生じて来て、五識の対象となり、刹那に滅して、再び阿頼耶識に保存されるのです。

眼で物を見ることは嬰児《えいじ》でも行いますが、しかし言葉で対象を知るのではありません。対象に言葉を適用し、意味づけて理解するのは、第六の意識の作用です。意識は過去や未来の存在を対象として認識し、さらに善悪の判断をします。前五識の感覚は、善とか悪とか言えないものですが、それに善悪の意味づけをするのは、第六意識です。例えば同じ言葉でも、虚言として語れば悪になるのです。それから第六意識には自我意識があり、自我にたいする執着をおこします。しかしわれわれには意識の奥に、さらに末那識がありまして、無意識的に自我意識をおこしています。これを倶生の我執といいます。末那識は阿頼耶識を対象として、それを自己の自我であると誤解するのです。

私共が「こころ」と言っているものは、この表面心を指すのでして、それは感覚の前五識と、第六の意識、第七の末那識の七識から成立しています。これらの識の活動は、すべて阿頼耶識から生じて、再び阿頼耶識にかえるのです。しかし表面心は善悪や欲望・怒り、その他の心理作用によって変質しますから、阿頼耶識から生ずる時と、それが再び阿頼耶識にかえる時とでは、その内容が変わっているのです。

第十二回　大乗戒

仏教の修行は「戒定慧の三学」にまとめられています。この中で、第一の戒学というのは、おこないをつつしんで、善を行ない、悪をさけることです。それを漫然とするのでなく、はっきり自覚して、誓いを立てて悪を断じ、善を実行することが「戒学」であります。悪をおこなえば、後悔がありますし、良心の呵責《かしゃく》があります。もし人を殺したり、傷つけたりすれば、怨みをかって仕返しをうける心配があります。あるいは法律にふれる悪を犯せば、いつか露見して牢獄につながれる心配があります。それでは心の平安は得られません。

しかし誓いを立てて悪を断ずれば、悪をなしませんから、心に怖れがありません。そして善をおこないますから、心によろこびと満足があります。ここに戒学を実行する功徳があります。この平安を得た心において、心の集中力をやしなうのが、第二の定学です。定とは「サマーディ」ということで、三昧と音写します。精神を集中した状態です。この精神を集中する力が定力《じょうりき》です。そのために禅を修して、心をしずめる修行をします。禅は「ジャーナ」といいまして、「静慮」と訳します。心が静まった状態が定（三昧）でして、心をしずめる方法が禅です。そのために禅には、結跏趺坐などの作法がありますし、坐してから精神を集中するために、呼吸を数えたり（数息観《すそくかん》）、骸骨を観じたり（骨鎖観《こっさかん》）します。

心が定力を得ますと、精神が集中しますから、般若（智慧）の活動が強化されます。この般若の智慧によって、法を観じて煩悩を断ずるのが、第三の慧学であります。慧学とは迷いを除いて真理を知ることです。

以上のような三学が、仏教のオーソドックスな修行方法ですが、一見するとむつかしいことのように思われます。しかし戒とは、悪を離れようとする決心ですから、やろうと思えば誰にでもできることです。例えば禁酒を誓うとか、禁煙を誓うとかということは、人のよく考えることです。しかしただ決心するのでは長つづきがしませんので、仏陀の前で誓うとか、大勢の人の前で誓うとか、受戒の儀式をおこないますと、戒の力がつよくなりまして、たやすく破戒しなくなります。

戒を受けますと、悪をなそうと思っても、それを邪魔する力が心に生じます。例えば禁酒を誓えば、酒を飲みたいと思っても、心の中に戒の力があって、酒を飲もうとする心を邪魔します。この力を戒体《かいたい》といいます。戒体は受戒の時にできるものでして、眠っている時でも、忘れている時でも、心の奥にひそんでいまして、酒を飲もうとするとき、心の表面に現れてきまして、飲もうとする心を抑制します。この「自制心」が戒体です。それ故、五戒を受けますと、五つの悪にたいして、それらを抑制する戒体ができますし、十戒を受ければ、十の悪徳を抑制する戒体ができます。

戒学は原始仏教からアビダルマ仏教の時代に教理が組織されまして、これが大乗仏教に受けつがれましたから、その内容には大きな相違はありません。初期の大乗戒は、『般若経』の説く「六波羅蜜」の教理に示されています。六波羅蜜の第二に戒波羅蜜が説かれています。『般若経』で説く戒波羅蜜は「十善戒」であります。十善とは十悪を断ずること、すなわち「離れること」であります。

十善は身三、口四、意三といいまして、身体に関する戒が三つ、口に関する戒が四つ、意《こころ》に関する戒が三つあります。

身体に関する三つの戒とは、殺生を離れる、盗みを離れる、不正な性関係を離れるの三であります。生物を殺すことは、残虐な行為です。好んで生物を殺せば残虐な品性ができ上がります。これは決して幸福なことではありません。人間は平和をねがい、他と愛情をもって交わることを望みますし、そこに真の平和があります。仏教ではこれを「和合」といいます。しかし人間は何物も殺さないで生きることはむつかしいですが、しかしなるべく殺生をさけ、すべてのものに愛情をもって接したいものです。この決心をもって生活することが「離殺生戒《りせっしょうかい》」です。しかも殺生を離れることを、自らなすだけでなく、他人にもすすめ、殺生をなすものを見れば、教えてそれをやめさせる、この自利利他の立場で戒を守るところに、大乗戒の意味があります。『般若経』には、戒波羅蜜を説明して、「菩薩はまさに一切種智に応ずる心をもって、自ら十善を行じ、他に十善を行ずることを教える。無所得をもっての故に」と説いています。すなわち善を行なっても、その善に執着しないのが、無所得の意味でして、これを成仏のために行ずるのが戒波羅蜜の意味であります。

離殺生戒の次は、盗みを離れる戒です。不正に入手したお金は、悪銭身につかずで、無くなってしまうようです。絶対に不正な金はとらないと堅く決心するところに、自然に勤勉にもなるでしょうし、財産もできます。どこかにうまい話はないかなどと思っていると、つい誘惑に負けて収賄をしたりして、一生を棒にふってしまいます。故に不正な金は手にしないと堅く決心して生活することは、誘惑や災難から身を守ることになります。この精神に立って、自ら盗まず、他に教えて盗ましめないのが、大乗の離偸盗戒《りちゅうとうかい》であります。

第三の邪婬《じゃいん》を離れる戒は、男女の性関係の道徳を正しく守ることです。愛欲には理性のまなこもくらまされがちですが、三角関係などに陥ったときの苦しみは深刻であります。誠実な男女の関係を守ることが、真の幸福であります。正しい性道徳を守ることが、第三の邪婬を離れる戒です。

次に口の四つの戒とは、妄語を離れる、悪口を離れる、両舌を離れる、綺語を離れるの四戒でありま す。妄語は他人をだますことですが、嘘を言うことによって自分をもあざむくことになりまして、「心をきよめる」ことを目的とする仏教の修行に反するものです。しかも嘘を言う人は、世間の信用を失います。次の悪口とは、他人の欠点や弱点を取り上げて、相手を恥ずかしめることです。言われた人は、ひじょうに心を傷つけられます。第三の両舌は、告げ口をして仲のよい友人間をさくことです。離間語《りけんご》とも言います。

私どもは人を殺したり、ものを盗んだりすることは、めったにしませんが、つい軽い気持ちで嘘を言ったり、他人の悪口を言ったりしがちです。とくに日本人はよく嘘を言うと言われます。虚言は信用を失いますし、また他人の怨みを買います。悪口も他人の心を傷つけます。故に、社会生活において言葉をつつしむことが大切です。諺《ことわざ》にも「口は禍《わざわい》のもと」と言います。なお第四の「綺語《きご》」とは、かざった言葉の意味でして、心にもないお世辞を言うことです。

これらの言葉に関する悪徳を、自ら離れ、他にも教えてなさしめないのが、口に関する四つの戒です。

第三に意に関する三つの戒とは、貪りを離れることと、瞋りを離れることと、邪見を離れることです。欲が深いこと、すぐ怒ること、因果の道理を信じないことは、他人にきらわれますし、人生を誤るもとです。故にこれらを離れることが、意に関する三つの戒です。

以上の十善戒が、大乗仏教の戒でして、これは在家者を主とした戒であります。大乗仏教は最初は在家中心の教団でありましたから、戒も在家中心であったのです。しかしその後、大乗仏教にも出家菩薩が現われまして、烈しい修行をする人びとが出ました。出家菩薩の代表は文殊菩薩であります。しかし最初は、十善のうち邪婬戒を、「不婬戒」に変えて、出家の戒として守っていた程度でした。その後、この十善戒に不足な戒文を加えて、成立した戒が、大乗の諸経典に説かれています。それらの中で重要なものは、大乗の『梵網経《ぼんもうきょう》』に説かれている「十重四十八《じゅうじゅうしじゅうはち》軽垢戒《きょうくかい》」と、『瑜伽論』や『解深密経』に説かれている「三聚浄戒《さんじゅじょうかい》」とであります。

三聚浄戒とは、律儀戒《りつぎかい》（摂《しょう》律儀戒ともいう）・摂善法戒《しょうぜんぼうかい》・饒益有情戒《にょうやくうじょうかい》（摂衆生戒ともいう）の三種の戒を言います。第一の律儀戒は悪を断ずる戒で止悪門、第二の摂善法戒は積極的に諸善を実行する戒で作善門、第三の饒益有情戒は衆生を済度する戒でして、これは止悪と作善と衆生済度という大乗仏教の三大理想をそなえた戒であります。『瑜伽論』では、第一の律儀戒に七衆の別解脱戒を入れていますので、三聚浄戒を受ける出家菩薩は、部派仏教の比丘と同じく、比丘の二五〇戒を受けて、部派仏教の比丘と同じ生活をします。しかし部派仏教の比丘は律儀戒を守るだけですが、大乗の菩薩比丘は、さらにその上に摂善法戒・饒益有情戒を受け、止悪と共に作善と衆生済度とを誓うのであります。

これにたいして『梵網経』に説く「十重四十八軽垢戒」は、一切衆生に仏性があるという立場に立って、受戒する菩薩戒であります。内容にも大乗の菩薩が守るのにふさわしい条文が揃っています。この『梵網経』の十重四十八軽垢戒を三聚浄戒の「摂律儀戒」に当てはめたものが、『瓔珞経《ようらくきょう》』の説く三聚浄戒であります。中国の天台宗や華厳宗、日本の天台宗や浄土宗等の受持する三聚浄戒は、この系統の戒であります。ともかく『梵網経』の十重四十八軽垢戒のうち、最も重要な「十重」は、十重禁戒と呼ばれ、曹洞宗の受ける「十六条戒」にも含まれています。この梵網戒は伝教大師がとくに重要視されたものでして、大師は比叡山に大乗戒壇を建立し、ここで梵網戒を授けて、国家に有用な人材を養成しようと計画しました。しかしこの計画は大師の生前には勅許《ちょっきょ》が得られませんでしたが、大師の入滅後七日に許可がおりました。しかし戒は内容がどんなに立派でも、実行しなければ効果がありませんから、この点が戒を軽視する日本仏教の大きな問題であります。

第十三回　一乗と法華乗

『法華経』は「一乗の教え」を説くことで有名です。一乗とは一つの乗物という意味ですが、これは仏陀の説いた教えを乗物にたとえるからです。衆生は、仏の教えを実行することによって、迷いの世界から、悟りの世界に進入することができますから、釈尊の説かれた教えを、乗物にたとえるのです。乗物の中でも、とくに船にたとえることが多いのです。衆生は如来の願船に乗じて、生死の大海を渡って、彼岸の浄土に至るという意味であります。

このように仏教では教えを乗物にたとえるのでして、大乗と小乗とがその代表であります。しかし「小乗」という言葉はよい言葉ではありませんから、使わないほうがよいと思います。初期の大乗仏教では、声聞乗と縁覚乗とで、小乗仏教を示していました。そして大乗仏教を菩薩乗と呼んでいました。そしてこの声聞乗・縁覚乗・菩薩乗をまとめて、三乗と呼んでいます。これが当時の仏教の全体です。

この中、声聞乗とは声聞の学ぶ教えのことで、舎利弗や目連は声聞の代表です。声聞は、仏陀と同じ覚りを開くことなどは考えることもできないので、煩悩を断じて阿羅漢になることを理想として修行をします。これが声聞乗です。声聞の教理は沢山ありますが、その代表は四聖諦の教えです。つぎに縁覚乗とは、縁起を覚って成仏する教えという意味ですが、しかし縁覚乗の人は覚りを開いたら、そのまま涅槃に入ってしまって、衆生教化をしない人です。そのために縁覚を独覚ともいいます。彼等は、衆生済度、すなわち利他の行をしない点で、仏陀と異なるのです。

これにたいして菩薩乗とは、菩薩の実行すべき教理を言うのです。菩薩とは、ほんらいは釈尊の成仏以前の修行者の時代を示す言葉です。大乗の修行者たちは、釈尊の菩薩時代のはげしい修行を実行して、釈尊と同じ成仏を得んとして修行をしました。そのために大乗の修行者の学ぶ教理を菩薩乗といいます。その教理を代表するものは、六波羅蜜の教理です。すなわち菩薩乗とは、成仏の教えです。

以上の三乗の教えで、『法華経』が出現した時代の仏教の教理を示しているのです。そしてこの三乗の教えにたいして、『法華経』は一乗を主張したのです。一乗とは「教えは一つである」という意味でして、真実の教えは一つだけであり、それは『法華経』に示されているというのであります。そして仏陀が三乗の教えを説かれたのは、人びとを一乗の教えに導くための方便であったというのです。これを「一乗真実、三乗方便」といいます。さらに『法華経』には、「ただ一乗の法のみあり、二もなく三もなし」とも言っています。

それならば『法華経』に説く一乗の教えとは、どんな教えであるかといいますと、これは「成仏の教え」であります。成仏の教えという点では、『般若経』に説く六波羅蜜の教えも成仏の教えですから、その点では違いはないのです。しかし『般若経』の説く般若波羅蜜の修行は、三阿《あ》僧祇劫《そうぎこう》の修行であります。阿僧祇（asaṃkhya）というのは、「無数」ということで、数えられないほど多いという意味です。つぎの「劫」（kalpa）は時間の単位ですが、これは数字であらわせない長遠の時間を示します。故に阿僧祇劫を三倍した三阿僧祇劫は、文字通り無量無辺で、数えることのできない長い時間です。成仏を達成するためには、これだけの長い時間の修行が必要だというのです。

これは釈尊の成仏という偉大な成果を考えるならば、菩薩の修行を完成するのに三阿僧祇劫かかるというのも無理もないでしょうが、しかしこれでは「成仏できない」というのと、それほど変わりがないわけです。もともと菩薩の修行は「空」の立場で修行すべきでして、空とは無執着（ものごとにとらわれない）ということですので、成仏を目標としながらも、しかも成仏に執着すべきではないのです。さらに修行が三阿僧祇劫もの長い時間かかるということにも執らわれるべきではありませんから、三阿僧祇劫の修行でもよいわけです。そのことに不満はないわけですが、しかしこのようなきびしい修行は、固い決心を持ったすぐれた修行者によってのみ、達成されるでしょう。意志が弱く、能力もとぼしい下根《げこん》の菩薩には、実行不可能なわけです。すなわち『般若経』は立派な教えでありますが、弱者が救われない点に問題があるのです。

そこに『法華経』が、万人の救われる道として、新しい教えを宣明して、従来の菩薩乗にたいして、これを一乗と呼んだことに大きな意義があります。『法華経』が一乗を説くとは、衆生を救済しうる真実の教えは一つだけであり、それは『法華経』に示されているという意味です。それならば、『法華経』に説かれている一乗の教えとは何かというに、これは仏を信ずることによって救われるという教えです。

『法華経』の後に現れた大乗の『涅槃経』には、一切衆生に仏性があるという教えが説かれています。しかし『法華経』には、まだ衆生に仏性があるということは説かれていません。しかし『法華経』には「自己は仏子《ぶっし》である」という思想があります。すなわち仏陀はこの世に一大事因縁のために出現したのであり、その一大事因縁とは、衆生に「仏の知見」を開かしめるためであり、仏の知見に悟入させるためであると説いています。そして仏陀は菩薩を教化するのであり、仏の弟子はすべて菩薩であるとも言っています。

これを聞いて舎利弗は、今まで菩薩の教えは自分には関係ないと思っていたが、自分もその教えに浴するのであり、「自分も仏子」であるとの自覚をおこしたのであります。このことを仏陀に申し上げると、仏陀は「汝は必ず仏となるであろう」と言われ、成仏の証言を与えています。

この「仏子」、すなわち「仏の子である」という確信は、自己に仏と同じ性質があることを認めることですから、これは本質的には仏性と同じ思想であります。しかし『法華経』では、釈尊は舎利弗だけでなく、大迦葉《だいかしょう》等の四大声聞をはじめ、多数の比丘や比丘尼に当来作仏の記を授けています。これによって、菩薩だけでなく、声聞にも成仏が可能であることを証明しているのであります。

さらに『法華経』の「方便品」の偈文には、仏塔を建立したり、仏像を作ったり、或いは仏画を書かせて、それを礼拝したり、仏塔や仏像を礼拝し、讃嘆する等の功徳を積んだ人びとが、すべて「仏道を成じた者」となったことを説いています。さらに『法華経』には、『法華経』を読誦し、他人のために解説し、礼拝・供養することが、成仏のために重要であることが示されています。

このように『法華経』では、成仏は決して困難な行ではないことが示されています。これは、『般若経』で説いている三阿僧祇劫の修行とは、比較にならないほど平易な修行であります。このように『般若経』が支配的であった初期の大乗仏教の時代に、平易な成仏の行を説く『法華経』が現れたことは、当時の人には大きな驚きであったと思います。それだけにこの『法華経』の新思想にたいしては、嫉妬や迫害もはげしかったと思います。そのために『法華経』には随処に、『法華経』を受持する人には、悪口や罵詈《ばり》、刀杖瓦石《とうじょうがしゃく》の迫害が多いことを説いています。

なお阿弥陀仏の教えも、意志の弱い人に実行できる容易な行でありますが、しかし『阿弥陀経』等の阿弥陀仏関係の経典には、迫害を受けることが説かれていませんので、阿弥陀仏の教理の出現は、『法華経』よりも後であろうと思います。

しかし「一乗」の教理は、『法華経』の独占ではありません。『般若経』にも一乗は言われていますし、『無量寿経』にも説かれています。さらに『華厳経』に一乗を説くことも有名です。或いは『宝積経《ほうしゃくきょう》』の所所にも一乗の語があります。しかしそれぞれの経典において、一乗の意味にも違いがあるようです。しかしともかく一乗の教理を明確な自覚をもって説いたのは、『法華経』が最初であります。そして「仏子」の自覚を媒介として、声聞乗の人も成仏できることを明確にした点に、法華の一乗の特色があります。

華厳宗の賢首《げんじゅ》大師法蔵は、『法華経』の一乗思想は、三乗の同一解脱を明かしている点で、これは「同教一乗」であると言っています。これにたいして『華厳経』は菩提樹下で成道した仏陀の「純一無雑の正覚」を明かしているので、この一乗は他と雑《まじ》わらない「別教一乗」であると言っています。たしかに華厳の別教一乗は、成仏の深淵な智慧を明かしている点で、他に類のない勝れた一乗教でありますが、しかし法華の一乗は一切衆生を捨てない「仏の大慈悲」を明かしている点で、華厳に劣らない勝れた一乗であると思います。そのために『法華経』では、一乗を「一仏乗」とも呼んでいます。

なお『法華経』では、三乗の中に菩薩乗を説いていますが、『法華経』といえども菩薩にたいする教えでありますから、同じく菩薩乗に含まれるわけです。そのために三乗の一つとしての菩薩乗と、『法華経』の説く一乗とは同じであるか、異なるかという問題があります。これは『法華経』の「譬喩品」に、三乗を示すのに、声聞乗を「羊車《ようしゃ》」、縁覚乗を「鹿車《ろく》」、菩薩乗を「牛車《ご》」を用いていまして、さらに一乗を「大白牛車《だいびゃくご》」と呼んでいますので、この牛車と大白牛車とが同じか異なるかという問題になっています。そして中国の仏教者のあいだに、同じと見る「三車家」と、異なると見る「四車家」とがあります。しかし私は、『法華経』に説く一乗の教えは、上にも示したように、『般若経』の説く三阿僧祇劫の成仏を説く教えとは違いますので、四車家の説が『法華経』の教理に合致すると考えます。

なお『法華経』には、一乗の教理と並んで、「如来寿量品」に説く「久遠実成の仏陀」の仏身論が重要であります。ここにも仏陀の大慈悲が巧みに示されています。

第十四回　真諦と俗諦

仏教を正しく理解するには、二諦《にたい》を正しく知る必要があります。二諦とは「二つの真理」という意味ですが、これは真諦《しん》と俗諦《ぞく》のことです。詳しく言えば、第一義諦と世俗諦ともいいます。龍樹は『中論』の中で、この二諦につきまして、「若し人、二諦を分別することを知る能わざれば、すなわち深仏法において、真実義を知らず」と言っています。「二諦を分別する」とは、真諦と俗諦とを正しく使い分けることです。つまり真諦と俗諦とを平等に取り扱うことはできないのでして、価値に上下があります。それ故、二諦は手心を加えて、正しく取り扱わねばなりません。その取り扱い方を誤ると、世間の人情の世界をこわしてしまったり、或いは仏法の真実を失ってしまうことになります。そのために、二諦を分別することを知らないと、深仏法において真実義を得ることができないと言うのです。深仏法とは、仏陀の教えの深い意味ということです。

つまり仏教の理解については、仏教の教理の意味を正確に理解したというだけでは足りないのです。その理解を、時と場合に適合するように、正しく活用しなければならないという意味です。

それならば二諦にはどういう意味があるかといいますと、まず「世俗諦」とは、「世間が真理として認めていること」という意味です。世俗諦は、世間では真理として通用していますが、しかし世間の人は煩悩に色づけられていまして、迷妄の世界に生きていますから、そこで正しいと認められていても、仏教の立場から見たら真理と言えないことがあります。しかし真理でないからと言って、それを全く否定してしまったら、仏教の聖者も世間で生きていくことは出来なくなるでしょう。

これにたいして「第一義諦」は、「仏教の聖者が真理として認めること」という意味です。仏教の悟りの智慧によって認められる真理が第一義諦です。これは仏教では真理として立てますが、煩悩に汚れた世間の智慧では真理として認め難いものです。

このように世俗諦は、世間では諦（真理）であるが、仏教では諦とはならないこと、第一義諦は仏教では諦として立てるが、世間では諦として認めないことを言うのです。このように両者は相互に対立する性格がありますから、仏教者は二諦を正しく使いわけることが大切であるというのです。

例えばこの二諦の問題を「無我《むが》」について考えてみたいと思います。言うまでもなく「無我」は仏教の根本教理の一つです。諸行無常《しょぎょうむじょう》・諸法《しょほう》無我・涅槃寂静《ねはんじゃくじょう》を三法印《さんぼういん》といいまして、仏教と仏教以外の思想とを区別する基本教理であります。「諸法無我」とは、あらゆる存在は、無我であり、実体がないという意味です。私共は、自分に「自我」があると思っています。しかし私共の身体も心も絶えず変化していますから、私共の心身の中に、変化しない、自己同一の自我があるとは言えないわけです。自我意識はありますが、それが自我があることを証明するものではありません。したがって理屈の上からは、何ぴとも無我であることを認めるであろうと思います。しかし私共には、自我にたいする執着がありますので、理論的には無我であることを承認しつつ、本能的に自我を認めてしまうのです。しかし仏教の聖者は、「無我観」を実践しまして、自我の執着を滅し、無我の境地を実現しています。

しかし仏教の聖者でも、まったく自我を認めないわけではありません。認識主観としての自我は認めています。ただしそれは絶えず変化しているのでして、変化しながらつながっている自我意識でして、これを仮我といいます。このように第一義諦の立場でも仮我は認めています。しかし世俗の世界では、この仮我をも実我と見ているのです。

しかし人格の中心を自己同一の自我であると考えないと、世俗の世界では困ることがあります。例えば去年お金を貸して今年返してもらうには、借りた人も貸した人も、自己同一の人間であると認めないと不可能なわけです。或いはまた学校に入学する人も、卒業する時、同一人物でないと、卒業証書をもらうことはできないでしょう。世間の常識では人は生まれた時から死ぬまで同一人物であると見られています。

したがって仏教の聖者は、世間とまじわるときには、心の中では自己も世界もすべて無我であると認めつつも、世俗に歩調をあわせて、相手の理解にしたがって、自己を自己同一の自我であるとして取り扱うわけです。そうでないと約束をしたり、ものの貸し借りもできないことになります。

「和光同塵《わこうどうじん》」という言葉は老子の言葉ですが、天台大師もよくこの言葉をつかっています。これは智慧の光をやわらげて、俗塵《ぞくじん》に同ずる意味でして、真諦のするどい智慧を心の奥深く蔵しつつも、世俗に入れば俗諦に同ずるのです。しかしもちろん無制限に世俗に譲歩するのではないのでして、世俗にたいしては絶えず迷妄の世界から脱するようにはたらきかける必要があります。世間が楽であると思っていることは真の楽ではなく、苦の原因になることを示し、執着を捨ててこそ真の楽があることを示すのです。ここに真俗二諦の中道の立場があると思います。

もう一つ世俗諦について注意すべきことは、世俗諦は言説諦とも言いまして、言葉によって表現された真理という意味です。しかし言葉によっては、ものの真相を完全に表現することはできません。この点を『中論』には「仏は諸法実相を説きたもうも、実相中には語言の道なし」と述べています。諸法実相とは、ものの真実のすがたという意味です。この真実の世界では言葉は絶えてしまうというのです。

これには、悟りのぎりぎりの世界は言葉で表現できない、言亡慮絶であるという意味もありますが、同時に日常の経験の世界でも、ものの真相は言葉では表現できないという意味であります。例えば「私の書斎に大きな机がある」と言いましても、それを聞いた人にはどんな机であるか見当がつきません。しかし、それをさらに説明して、大きさは畳一畳ほどあり、灰色のスチール製であるといえば、かなり輪郭は明らかになりますが、しかし実物を目の前に思い浮かべることはできません。その机をどんなに詳しく説明したとしても、言葉で実物を示すことはできないでしょう。

その理由は、机という言葉・概念は一つですが、事実の世界に机は無数にあるからです。ですから教室で先生が、教師用の大きな机を指して、「これは机である」と言えば、生徒のすわっている小さな机は、どうして机であるだろうかと疑問がおこります。しかも生徒の机の中にも、新品のピカピカのものもあれば、古くて傷だらけの、足の曲がったものもあります。そういう千差万別の机を、同じく「机である」ということは容易なようで、むつかしいのです。ホテルで研究会などをやれば、机の上に書類をひろげて、研究をしますが、おひるになって、ボーイさんがやってきて、その机に白い布をかけて、その上にナイフやフォークを並べたら、それは食卓であるわけです。すなわち本をひろげて勉強をすれば机ですが、食器を並べて食事をすれば食卓でありま す。作用・はたらきによって「存在」が変わるのです。そこには、机という実体があるのではないのです。

他の人はピカピカの新しい机に坐っているのに、自分だけ汚ない机を宛てがわれたら、「これは机ではない」と思うかも知れません。『金剛般若経』に、「如来は、諸の心は心でないと説く。それだから心という。何故なれば、過去の心は不可得であり、現在の心も不可得であり、未来の心も不可得であるからである」と説いています。この言葉を机に当てはめれば、「この机は机ではない。それだから、机という。何故なれば机の実体は不可得だからである」とでも言えるでしょう。机には机という実体があるのではないから、使いみちによって食卓にもなりますし、踏み台にもなるでしょう。そしてこわしてストーブにくべれば、薪《たきぎ》にもなるわけです。このように机には実体がないから、本をひろげて勉強しているものは、すべて「机である」と言うことができます。それ故、「これは机でない、それだから机である」というパラドックスな立言が可能なのです。

つまりものは「はたらき」によって存在がきまるのです。故に学生は大学では学生ですが、家に帰って家庭教師をすれば、生徒から先生と呼ばれます。人は善いことをなせば「善人」ですが、悪いことをなせば「悪人」です。善人とか悪人とかの実体があるのではないのです。故に言葉でものを表現しても、そのものの、その時の状態を表現できるだけで、そのものの本質を示すことはむつかしいのです。

故に私たちは、言葉によって自分の思うことを表現して、そしてそれが正しく相手に伝わっていると思っていますが、それはきわめて疑わしいのです。しかし私どもは、言葉によらなければ、仏陀の教えでも相手に伝えることはできません。故に『中論』にも、「若し俗諦に依らなければ、第一義を得ることはできない。第一義を得なければ、涅槃を証得することはできない」と言いまして、世俗の重要なことを説いています。そしてまた「第一義は、みな世俗に因る。言説は是れ世俗なり。是の故に、若し世俗に依らざれば、第一義は説くべからず」とも言っています。

このように言葉は不完全なものですが、しかし言葉によらなければ、私共は仏陀の教えを学ぶこともできません。故に言葉に依りながらも、言葉に捉われずに、そこにふくまれる第一義を正しく知るように最深の注意が必要です。『法句経《ほっくきょう》』には、この点を蜜蜂が、花と色と香りとを害《そこ》なわないで、蜜だけを取っていくのに喩えています。

第十五回　六波羅蜜

六波羅蜜は大乗の菩薩の修行道です。声聞の修行道は四諦《したい》の教えでありまして、苦《く》諦・集《じっ》諦・滅《めっ》諦・道《どう》諦の教えを実行して、煩悩を断じ、阿羅漢になることを理想とします。これが声聞乗です。つぎに辟支仏《びゃくしぶつ》は十二縁起を観じて、悟りをひらきますが、衆生済度をしないで、直ちに涅槃に入ってしまいます。そのために、辟支仏を「縁覚」とも「独覚」ともいいます。辟支仏の教えを辟支仏乗といいます。これにたいして、菩薩は六波羅蜜を修行して、三阿僧祇劫の末に成仏します。故にこの教えを「仏乗」とも「菩薩乗」とも言います。この声聞乗・縁覚乗・菩薩乗を「三乗」といいまして、初期の大乗仏教では仏教全体の教えを、この三乗でまとめていました。

これにたいして『法華経』が現われまして、釈尊がこの世に現われた「唯一の目的」、すなわち「出世の本懐」は、一切衆生を成仏させることであり、「成仏の教え」だけが真実であると主張しました。そしてそれまでに説かれた三乗の教えは方便であるとして、「一乗」の教えを主張しました。一乗とは「一つの教え」すなわち教えは一つであるという意味です。

この一乗の教えも、菩薩の教えであり、成仏の教えでありますから、この中に六波羅蜜の教えも含まれています。しかし『法華経』ではなおこのほかに、仏塔を建立したり、仏陀を信仰することや、経典を受持・読誦することなども、成仏の修行に含められています。故に六波羅蜜は、成仏のための「唯一の教え」ではありませんが、しかし大乗仏教が興った最初から存在した教えでして、とくに『般若経』において重要視された修行道であります。

六波羅蜜の「六」とは、布施・持戒・忍辱・精進・禅定・智慧（般若）の六つの徳目でありま す。第一の布施とは「ほどこすこと」で、これには財施と法施とがあります。第二の持戒とは、戒律を守ることですが、これにも自己が守ることだけを誓う小乗の戒と、自ら実行し、他にすすめて守らしめる大乗の戒とがあります。第三の忍辱とは「堪え忍ぶ」ことで、これにも怒りを堪え忍ぶ「生忍」と、ものごとの本質を洞察する「法忍」とがあります。第四の精進とは努力をすることでして、釈尊は入涅槃に際して弟子達に「放逸しないで、目的を達せよ」と遺言されましたが、この「放逸《ほういつ》しないこと」が精進であります。精進は「正精進」といいまして、正しいことを実現する努力であることが大切です。不正なことに努力することは「邪精進」といいまして、排斥されます。無駄な努力も、せっかく努力しても好結果が得られないのですから、精進とは言えないわけです。故に精進は正しい智慧に導かれることが大切です。

つぎに第五の禅定とは、精神を統一し、心を一つの対象に集中することです。これを「心一境性」といいます。禅は坐禅つまり、結跏趺坐して心を統一する方法が代表ですが、しかし心統一は坐禅につきるわけではありません。行住坐臥《ぎょうじゅうざが》に禅の実行は可能であります。そのために、仏陀の心はつねに禅定にあると言われています。最後の般若は智慧のことですが、しかしこの智慧は、自我に立脚する判断ではないのでして、自我をこえた無我の直観的な洞察であります。自我にもとづく判断は、自分の利益にとらわれますから、中道であることができないのです。般若は無執着の智慧であるといわれますが、この無執着ということが、自我に対する執着を離れた意味でして、執着をはなれると、智慧は自然に真理に合する活動をするようになるのでして、それが般若波羅蜜であります。

以上、六波羅蜜の六種の徳目を示しましたが、次に波羅蜜とはパーラミター（pāramitā）を音訳した言葉でして、意味は「完成」という意味です。しかし「彼岸にわたる」（到彼岸）という意味もあります。完成という意味ですと、六波羅蜜は、布施等の六つの修行を完成して、菩薩が成仏して仏になることを意味します。そして到彼岸の意味ですと、布施等の六つの徳目の修行によって、彼岸の悟りの世界に達することを意味します。そのために波羅蜜は「渡る」という点に重点がありまして、波羅蜜を「度《ど》」（渡と意味は同じ）ともいいます。

六波羅蜜の中では、般若波羅蜜が重要であります。般若波羅蜜の「無執着の智慧」に裏付けられて実行されるとき、布施等の五つの徳目が波羅蜜になるのです。例えば布施波羅蜜の説明には、施者も空、受者も空、施物も空であるという「三輪清浄《さんりんしょうじょう》」の布施が説かれます。すなわち施者が名誉のためや、利益を望んで布施するならば、それは不浄の布施であります。次に受者も、仏法僧等の「福田」であることが重要です。そして空の立場、不可得の立場でなされる布施が三輪清浄の布施でして、この空の立場、無執着の立場でなされる布施が、布施波羅蜜であります。この布施は、歓喜の心、感謝の心をもってなされる布施であります。布施そのものの中に満足と幸福とがそなわっています。いかなることも、満足と感謝をもってなされることが大切でありまして、かかる行為が波羅蜜の実践であります。そして有所得、有執着の布施は、苦からの解脱に役立たないのであります。そういう布施では心の自由が得られませんし、真の満足は得られません。若し私共が、布施をおこなって、不満や後悔が起こるとするならば、それが執着の心でなされているからであると思います。この点をよく考えるべきであると思います。

つぎに持戒波羅蜜については、戒とは善をおこない、悪を離れることであります。しかしこれだけでは何が善であり、何が悪であるかが分かりませんから、殺生や盗み等を離れることを示す五戒や十善戒、或いは出家者の二五〇戒等が示されているのであります。そしてこれらの戒の徳目を守る事を誓うことが戒であります。この受戒によって「防非止悪の力」が身にそなわるのです。例えば不飲酒戒《ふおんじゅ》を受けますと、他人から酒をすすめられても、心の中に酒をのむことを防げる力ができていますから、酒をのむことができないのです。この力が防非止悪の力でして、戒体とも言います。

大乗仏教の戒は十善戒が中心でありますが、十善は自ら善をなすと共に、他に教えて善をなさしめるのでして、自利と利他とをかねそなえた戒であります。そして戒を守って、たとい身命を失っても破戒をなさないのが戒波羅蜜であると説かれています。このような強い決心の中に波羅蜜の意味を認めているのです。このような強い決心で戒を守りますから、持戒の人は命終わるときに心は安楽であり、疑いがなく、悔いもないと言われています。

第三は、忍辱波羅蜜であります。忍辱には、瞋りを忍ぶ生忍と、法を洞察する法忍とがありますが、いかなる場合にも心が動揺しないのが忍辱波羅蜜であります。菩薩は生忍を行じて無量の福徳を得、法忍を行じて無量の智慧を得るといいますが、他の罵りや辱しめにたいして、いかりを堪え忍ぶことは一方的に相手に屈服するようで、損なように思いますが、実際はそうではなく、忍辱を行ずることによって、無量の福徳・功徳が身にそなわるのです。忍辱を行ずることによって、大乗仏教で重要な行である「慈心を行ずる」ことができるからです。これは仏陀の大悲にならって慈悲を実践することでありまして、「忍辱第一道」と説かれています。忍辱は、仏に一歩近づく道であります。また「忍辱の鎧を着る」とも言いまして、忍辱を守ることは、逆に忍辱によって護られることを示しています。

なお忍辱には生忍のほかに法忍がありまして、「無生法忍《むしょうぼうにん》」は有名でありますが、「若し諸法の畢竟空《ひっきょう》を観じて、心に執着がなければ、これを法忍となす」と説かれており、法忍、すなわち法の洞察は空の智慧に基づくことを示しています。空の智慧に基づく忍辱の実践が忍辱波羅蜜であります。

第四の精進波羅蜜については、身心に精進して、怠らないのが精進波羅蜜であるといいます。とくに菩薩が、大悲を首《はじめ》となして、精進力をもって五波羅蜜を行ずるときに、その精進が精進波羅蜜であると説いています。

精進を示すのに「雉《きじ》の火消し」が説かれています。野火によって林に火がつき、火事になりました。鳥は翼がありますから逃げて助かりますが、地を這《は》う動物は助かる方法がありません。一羽の雉がそれらの動物を救おうとしまして、遠くの池に飛んでいって、水中に羽毛を漬け、返ってきて、大火の上から雫《しずく》をたらして、火を消そうとしました。この行為を何度もくり返して、疲れても苦としませんでした。しかし火は大であって、水は少しですので、火が滅する気配はありません。しかし雉はそれに落胆することなく、精進して止めませんでした。帝釈天《たいしゃくてん》はこの雉の精進力に感じて、林の火を消してやったということです。

この喩で、菩薩の精進波羅蜜を十分に示すことはできませんが、精進波羅蜜は精進してとどまるところがない点にあります。とどまるところがないとは、自己が精進になり切ることです。そこに精進に執着しない精進があります。何故なれば、自己が自己に執着することはないからです。私共が自我に執着するのは、それが真の自己でないからです。ともかく布施や持戒・忍辱は世間でも行われていますが、真実の精進は精進波羅蜜であって、仏教のみにあるといいます。菩薩は諸法の実相をきわめんとして般若波羅蜜を行ずるのですが、般若の智慧は禅定から生ずるので、禅定波羅蜜を行ずることになります。この般若波羅蜜・禅定波羅蜜の実践がそのまま精進波羅蜜であります。真実の精進なしには般若波羅蜜も禅定波羅蜜も実現しないからです。

そのために布施・持戒・忍辱の三波羅蜜と、精進・禅定・般若の三波羅蜜との間には段階があります。布施・持戒・忍辱は福徳を増進するものですが、般若と禅定・精進の三波羅蜜は「智慧門」であります。すなわち精進は般若の智慧にささえられて、真実の精進、すなわち正精進になりますが、同時に正精進にささえられて、禅定も般若も増進するのであります。その意味で、仏教の修行では空の立場に立つ精進が重要であります。釈尊が入涅槃に際して「不放逸にして修行を完成せよ」と精進を遺言せられたのも理由があると思います。

第十六回　一体三宝と別相三宝

仏教で三宝といえば、仏宝・法宝・僧宝を言うのでありまして、聖徳太子も十七条憲法の第二に「篤《あつ》く三宝を敬え。三宝とは仏・法・僧なり。則ち四生《ししょう》の終帰・万国の極宗なり。何《いず》れの世、何れの人か、是の法を貴ばざる」と示しておられます。「四生」とは、四つ生まれる方法をいうのでして、卵から生まれるもの、胎生《たいしょう》のもの、湿生《しっしょう》といって湿ったところに生まれるもの、化生《けしょう》といって何もないところに突然生ずるものをいいます。要するに一切の生類という意味でして、あらゆる生類の帰依すべきもの、すべての人民の真理として尊重すべきもの、それが三宝であるという意味です。それゆえあらゆる時代、あらゆる人が、この三宝を貴ばないものはないと言っておられるのであります。

しかし三宝がこのように貴いものであることを、心から理解できる人は少ないかも知れません。それは私共が、仏教に関する理解が浅いからだと思うのであります。

三帰依《さんきえ》をする時に、まず釈尊に帰依しますが、これを「帰依仏両足中尊《きえぶつりょうそくちゅうそん》」といいます。仏陀は両足の中の最も尊い方という意味です。これをまた「帰依仏無上尊《むじょうそん》」とも唱えます。無上尊とは、仏陀より尊いものはないからであります。

第二に法に帰依しますが、法とは釈尊の悟られた真理をいいます。これを「帰依法離欲中尊《ほうりよくちゅうそん》」と唱えます。法には八万四千の法門といいまして、「教法」だけでも沢山ありますが、最高の法は「涅槃」であります。釈尊は煩悩を断ずることによって、涅槃をさとられ、涅槃に入られたのであります。その煩悩を断じたことを、ここでは「離欲」と言っているのであります。煩悩の中で最も強力なものは欲であるからであります。煩悩を断じたところに見えてくる真理が涅槃でありまず。これをまた「帰依法離塵尊《りじんそん》」ともいいます。「離塵」というのも、「離欲」というのも意味は同じであります。ともかく法といいましても、釈尊の心の悟った法でして、人格化した法であります。智慧と一つになっている法であります。私共の心を統一して、つねに真理にかなった活動をさせる力が離欲としての法であります。この法を尊敬し、帰依し、自分もいくつかをそなえようと念ずるのであります。

第三は帰依僧でありますが、僧とはくわしくは「僧伽」といいまして、団体のことです。それ故、「衆」と訳します。それ故、帰依僧を「帰依僧諸衆中尊《そうしょしゅちゅうそん》」といいます。仏陀の弟子の教団は、あらゆる教団の中で最も尊いものとして、尊敬し帰依するのであります。

何故尊いかといえば、仏弟子の教団は「平和を実現する教団」であるからです。即ち欲望や怒り等の煩悩を滅した人びとの集まり、そこに和合の生活、平和が実現されているからであります。そのために仏教の僧伽を「和合衆」といいます。それ故、帰依僧を「帰依僧和合尊《わごうそん》」ともいいます。

以上、三帰依は詳しくは、「帰依仏両足中尊、帰依法離欲中尊、帰依僧諸衆中尊」といいますが、これを「帰依仏両足尊、帰依法離欲尊、帰依僧衆中尊」とも唱えられています。さらに「帰依仏無上尊、帰依法離塵尊、帰依僧和合尊」というのも、言葉は違いましても意味は同じであります。この意味をかみしめながら、帰依の言葉を唱えるべきであると思います。三帰依文は、「帰依仏陀両足中尊、帰依達摩離欲中尊、帰依僧伽諸衆中尊」ともいいます。

以上三宝への帰依の形を申しましたが、このような唱え方は、北方仏教、とくに説一切有部《せついっさいうぶ》に起源を持っています。それが大乗仏教に伝えられたのであります。これにたいして南方上座部の三帰依文は次の通りです。

すなわち三帰依のときには、「私は仏陀に帰依します。私は法に帰依します。私は僧に帰依します」と、帰依の言葉を三回くり返して唱えるのです。この三帰依の仕方は、すでに原始仏教の時代に成立していたと思います。しかしこれだけでは、どんな仏陀に帰依するのか、どんな法に帰依するのかが明らかでありません。そのためにこの点を示すために、原始仏教の時代から「四不壊浄」ということが説かれています。これは三宝に不壊の浄信を持ち、聖なる戒を受持することであります。

第一に仏陀にたいする浄信を表明して、次のように言います。「かの世尊は、阿羅漢であり、正等覚者《しょうとうがくしゃ》・明行具足者《みょうぎょうぐそくしゃ》・善逝《ぜんぜい》・世間解《せけんげ》・無上士《むじょうし》・調御丈夫《じょうごじょうぶ》・天人師《てんにんし》・仏・世尊であります」と表現しています。阿羅漢以下は世尊の徳を示したものですが、そういう多くの徳をそなえた人として、仏陀を念ずるのであります。そこに帰依する仏陀の徳が明瞭になり、仏陀にたいする信仰が深まるのであります。信とは「心澄《ちょう》浄」といいまして、心を澄ますもの、浄化する力であります。このような十号をもつ仏陀を信ずるところに、自己の心が仏陀に同化されて清浄になっていくのです。その人の人格が向上します。故に二十年も三十年も信仰をつづけていますと、信じない人との差は歴然としてきます。自己の心が浄化されるところに、人間は真の幸福と満足を味わうものです。ここで「十号具足の仏陀」として念ぜられる仏陀は釈尊であります。なおこの十号には「如来」が加わっていませんが、如来を加えて、世尊をはずす十号もあります。

次に「法」に関しまして、次のように念じます。「法にたいして不壊の浄信をいだく。法は世尊によりて善く説かれた。（この法は）現に見られるものであり、時を越えたものであり、来たれ見よと言いうるものであり、（涅槃に）導くものであり、智者によってそれぞれ知られるべきものであります」と。この場合の「法」とは仏陀によって示された「縁起の法」とも理解されますが、また「涅槃」であるとも理解されています。この法に不壊の信を持てば、われわれを無苦安穏の世界に導くのであります。

第三に「僧」にたいしましては、「僧にたいして不壊の浄信をいだく。世尊の声聞僧伽は妙行者であり、世尊の声聞僧伽は正行者であり、世尊の声聞僧伽は正理行者であり、世尊の声聞僧伽は和敬行者である。即ち四双八輩《しそうはちはい》でありますす」と念じます。ここで言う「声聞」とは「声を聞いた人」という意味で、まのあたりに釈尊の説法を聞いた直弟子を言うのです。釈尊の弟子衆が立派な修行を完成して、預流・一来・不還・阿羅漢の悟りを得た聖者であることを言うのです。

このように四不壊浄の説では、十号具足の如来、すなわち釈尊を仏宝となし、如来の説かれた教法を法宝となし、如来の弟子僧伽のうち、特に悟りを得た聖者である四双八輩を僧宝と見ています。

しかしながら釈尊は八十歳を一期として、クシナガラで涅槃に入られました。その身体は火葬にされて、舎利（遺骨）だけが残りました。したがって入滅後の釈尊をどのように礼拝したらよいかという問題がおこりました。そして涅槃を悟られた仏の智慧（これを無漏智といいます）は涅槃と合一して法身となっていまして、これは不死であると理解しました。すなわち肉体を捨てられて、無余依涅槃界に入られた釈尊は法身《ほっしん》となられたのでありまして、法身として涅槃界に居られると理解したのです。これを「諸仏所得の無学法」といいまして、これを「仏宝」と見るのであります。

釈尊は菩提樹の下で悟りを開かれて、涅槃に入られたのです。故にその時「不死を得た」と言われています。この不死を得た仏身を仏宝と見るのであります。そして釈尊の悟られた涅槃を法宝と見ます。次に僧宝とは、阿羅漢や預流《よる》・一来《いちらい》・不還《ふげん》の四果の聖者の悟りの智慧（詳しく言えばそれに付随する法があります）を言います。

このように仏の悟りの智慧（尽智と無生智）を仏宝とし、涅槃を法宝とし、四双八輩の学無学の智を僧宝とする思想は、アビダルマ仏教の時代に起こりました。この時代の仏教徒は、この三宝に帰依したのであります。

しかし大乗仏教が興りますと、事情が変わってきました。例えば『勝鬘経』には、阿羅漢や辟支仏は悟りが完全でないので、まだ怖畏がある。そのために彼等は仏陀に帰依する。したがって阿羅漢や辟支仏は究竟の帰依ではないというのです。したがって僧宝といいましても、文殊や普賢等の大乗の菩薩僧のみに帰依しまして、声聞僧には帰依しないと言うのです。しかし文殊や普賢等は修行の完成した菩薩でありまして、その悟りの智慧は仏陀と変わりないのであります。そのために大乗仏教では、これらの大菩薩は「等覚の菩薩」として、仏陀と一緒にしまして、仏陀のみが帰依の対象になると考えるのであります。即ち仏陀には三宝のすべての徳がそなわっていると見るのであります。

即ち「覚証の義」といいまして、仏のそなえる悟りの智慧を仏宝とします。次に「可軌の義」といいまして、悟りの智にそなわる真理性・法則性を法宝とします。第三に仏智にそなわる慈悲の和合の性格を「違諍の義」といいまして、僧宝とします。このように仏陀に三宝の徳がそなわっていると見ますので、これを「一体三宝」の見方といいます。

これにたいしてそれまでの三宝は別々であると見る見方を、「別相三宝」とか「梯橙三宝」などと呼びます。

なおこの外に「住持三宝」という見方もあります。即ち仏の木像や絵像などを「住持の仏宝」とします。次に教法を書写した紙や墨・布などからなる経典を法宝とします。そして仏法を伝持している凡夫の比丘を僧宝と立てます。現実にはこのような「凡夫僧」が大切なわけです。

以上のように三宝には種々な見方がありますが、大切なことは「帰依」ということであります。真に尊敬できる尊いものを持っていまして、その尊いものに、おのれの全身全霊を投げ出して帰投するところに、仏教へ入る門があるからです。尊敬できるものを持たない人は、とかく唯我独尊、野郎自大になって、人生の真実味をしらないで一生を過ごしてしまうと思います。

第十七回

四摂事

四摂事《ししょうじ》は四摂法《ぼう》とも言いますが、衆生を摂する四つの「根拠」という意味であります。その四つとは、布施《ふせ》・愛語《あいご》・利行《りぎょう》・同事《どうじ》の四つです。これらの四つは、それぞれ力がありまして、衆生の心をつかんで仏道に向かわしめることができます。同時にこの四摂事は、世間においても人心を収攬《しゅうらん》する方法として役立ちます。ハッタカ長者は、世尊から四摂事の教えを聞きまして、この方法で五百人という多数の徒衆を統率しました。

ハッタカ長者がこの沢山の徒衆と共に、釈尊の教えを聞きに来ましたとき、釈尊がその衆の多いのに感心されました。そのときハッタカ長者は、世尊から教えられた四摂事によって、これらの徒衆を摂していますとお答えしました。そして「大徳よ、私の家には財産がありますので、このように大衆を摂することができます」と申し上げました。

四摂事の第一は布施であります。財を希《こいねが》う者には財を布施して、親愛の心を生ぜしめます。誰でものを貰えば喜ぶものです。故に布施によってその心を摂して、親愛の心を生じましたり、法を説いてその人を仏道に導き入れるのであります。世尊はハッタカ長者に「もろもろの布施の中では、法施が最も尊い」と言っておられます。法施とは教えを説くことでありますが、とくに「法を惜しまない」ということが大切です。とかく取っておきの教えは、他人に秘して説かないといいます。それによって弟子をいつまでも自分の所に引きつけておこうとします。しかし釈尊は、内外すべてを弟子達に説かれて、「私には師の握拳はない」と言われました。

道元禅師は「布施とは、むさぼらないことである。むさぼらないとは、へつらわないことである」と説いておられます。他人を自己に引きつけようというような、さもしい心を持たないで布施を行ずるべきであるという意味であります。誰でもものを貰えば喜びの心を持ちますし、感激の心を起こしますが、しかしその時、へつらいの心を持って物を布施してはならないという意味です。

施す人が、貪りの心、へつらいの心を離れて布施をなし、施しを受ける人が貪りの心、卑屈な心を持たないで、その布施を受けるとき、その施物が清浄となり、物として完全なはたらきをすることができます。物が生きるわけでして、財が布施にかわるのです。利己心で与え、利己心で受ける物は、真の布施ではないという意味です。利己心で与えたのでは、施者に布施の功徳が生じないのです。仏道の修行になっていないからです。故に私共は布施しようと思うとき、自分の心が不貪心《ふとんしん》・不諂心《てん》であるかどうかをよく考えるべきです。不貪心の布施には、真実の歓びがありますし、功徳があります。功徳を求めないところに、功徳が生ずるというこの道理を理解する必要があります。そして自分のためにも、また他人のためにも、仏国土を浄めるために、機会のあるごとに、資力をつくして布施をすべきであります。これが布施波羅蜜であると思います。そして法施は、人を仏道に導き入れることでありますので、最も尊い布施であります。しかし信者をふやそうとか、自分の勢力を拡げようとかという我執の心で行う説法は、法施の名に値しないことは、言うまでもありません。

四摂事の第二は愛語です。愛語とはやさしい言葉です。道元禅師は愛語を説明して、ひとと会ったら、まず相手に慈愛の心をおこし、顧愛の言葉、つまり思いやりの言葉をかけるべきだと言っておられます。悲しい時にひとから優しい言葉をかけられたら、どれほど嬉しいかわかりません。しかし優しいといっても、単なるかざった言葉、へつらいの言葉では甲斐がありません。真情のこもった言葉であるべきです。愛語の根底は、すべての人が安楽に暮らせるようにと念ずる心であると思います。この心から自然に愛語が現れるのです。親は子供については、常にこのような心を持っているでしょうが、すべての人にこのような心を持つことは容易でありません。しかし一切衆生に慈愛の心を持ちつづけるところに、その人自身の心が浄化されていくのです。

愛語は「善来《ぜんらい》」の言葉だとも言われます。善来とは「よくいらっしゃいました」という歓迎の言葉ですが、同時に「ご機嫌如何《いかが》ですか、生活は順調ですか、病気はありませんか、困ることはありませんか」等と安慰問訊《あんいもんじん》（なぐさめ、たずねる）する言葉であります。

愛語の反対は悪口ですが、これは相手の欠点を取りあげて、相手を恥ずかしめる言葉です。軽い気持ちで言った差別的な言葉が、聞く人の心を深く傷つけるものです。口は禍いのもとと言われるわけです。ですから私共は、つねに「すべての人が幸福であるように」と念ずる心を失わないことが大切です。

故に道元禅師は、「愛語は愛心より起こる、愛心は慈心を種子《しゅうじ》とせり」と言っておられます。愛語は聞く人を奮い立たせる力があります。故に禅師は「愛語よく廻天のちからあることを学すべきなり」と言っておられます。

しかし世間の愛語も大切ですが、出世間の愛語はさらに重要です。釈尊はハッタカ長者に「愛語の中で最勝なるは、法を聞くことを望む人に、くり返し法を説くことである」と言っておられます。ほんとうに親切な言葉とは、未信者を仏道に導く言葉であり、已信者をさらに深い仏教理解に導く言葉であるという意味です。

四摂事の第三は利行であります。利行《りぎょう》とは相手の利益になることを行うことです。困っている人を助けることですが、困る困らないに拘らず、つねに他人の利益になるように計《はか》らうことです。世の中は「縁によって起こる」ものでして、私共は多くの縁の助けによって生きているのですから、自分も他人の縁として役立つ必要があります。故に他人の利益をはかるのは当然なわけです。他の縁として役立つとは、社会のために役立つということでして、他人に役立つ行為をすることで、人は生き甲斐を感ずるものです。

しかし他に役立つ行為をしても、それを自慢したり、相手に恩を着せるようでは、真の利行とは言えません。道元禅師は、昔、中国で孔愉という人が窮地に陥っていた亀を助けたことにより、地方の長官になったという故事と、楊宝という人が子供の時に、病気の雀を助けたことにより、子孫が三公の位に登ったという話を述べられ、（このように善事によい報いがあるとしても）「かれが報謝をもとめず、ただひとえに利行にもよおさるなり」と述べております。「もよおさる」とは、動かされるという意味です。

しかし世間の人は、利行ばかりをしていたら、自分の利益が無くなって、生活できなくなるではないかと考えるかも知れませんが、そうではないのでして、この世は「縁」によって動いているのでして、もともと私共は他の力によって生かされているのですから、他のために尽くせば、その力は自然に自分にも及んでくるのです。故に道元禅師も「利行は一法なり、あまねく自他を利するなり」と言っておられます。一つの利行が、他を利すると同時に、自をも利しているのです。故に「怨親ひとしく利すべし、自他おなじく利するなり」とも言っておられます。怨親をへだてていたら、私共の真の安楽はないのです。

利行にも出世間の利行があります。釈尊はハッタカ長者にたいして、「もろもろの利行の中の最勝なるは、不信者をして、その信を成就させせるために、勧導し、入らしめ、破戒者をして戒を成就させるために勧導し、入らしめ、欲深い人に布施をなさしめるために勧導し、入らしめ、愚かな人に道理を悟らしめるために、勧導し、入らしめることである」と説いておられます。ひとを仏道に導くことこそが真の利行であるという意味です。世間の利行も、それによってその人の心をつかみ、すすめて仏道に導き入れるのです。仏道に入ることが、その人にとって真の幸福になるからです。

第四の摂事は「同事」ということです。同事とは、他人の善事に協力し、その目的を達成させることです。これを「善助伴となる」と言っています。すなわち殺生を止めたいと思っている人がいたら、その人を助けてそれを達成させ、盗みを止めたいと思っている人、邪婬を止めたいと思っている人、妄語を止めたいと思っている人、飲酒を止めたいと思っている人等を見つけたら、それぞれに「善の助伴者」となって、その目的を達成するように助けてやることです。同事に、人の心を摂する力があります。事を共にするので「同事」といいます。これを「同利」とも言っています。さきの「利行」と似た点があるのです。

道元禅師は同事について「他をして自に同ぜしめてのちに、自をして他に同ぜしむる道理あるべし」と言っておられます。「助伴者となる」と言いましても、ただやみくもに相手の言うままになると言うのでは具合が悪いのです。そういう友情はいつか行き詰まるでしょう。つまり二人が共に正道に沿って進んでいくということが大切です。同時に、同事は協調することですから、相手の立場を認める広い心が必要です。そのためには高い理想を認めて、相互に努力することが大切であると思います。

道元禅師はそれを「自他はときにしたがうて無窮なり」と言っておられます。そしてそれを管《かん》子《し》の詩によって示しています。「即ち海は水を拒まないから、よく大をなすことができる。山は土を拒まないから、よく高きをなすことができる。聡明な君主は人を拒まないから、よく大勢の部下をもつことができる」と。すなわち人それぞれに違いがありますが、その違いを認めつつ、しかも彼を受け入れることが必要です。しかしそのために邪道に踏みこんではならないのです。そこに同事のむつかしい点があります。そこに、仏陀の教えに従うということが大切なわけです。

ハッタカ長者にたいして、釈尊は「諸の同事の中で最勝なるものは、預流者が預流者と同事すること、一来者が一来者と同事すること、不還者が不還者と同事すること、阿羅漢が阿羅漢と同事することである」と説いておられます。預流・一来等は仏教の聖者を言うのでして、そういう人びとの同事が最も尊いという意味です。

第十八回　四無量心

釈尊の教えの一つに「慈《じ》悲《ひ》喜《き》捨《しゃ》の四無量心」の教えがあります。「慈」は「マイトリー」(maitrī) といいまして、「いつくしむ心」であります。親が子供をいつくしむ心が慈心でありま す。どこの親でも自分の子供にはいつくしみの心を起こしますが、しかし嫌いな人や、敵意を持っている人にまで、わけ隔てなく慈心を生ずることはむつかしいことです。しかし四無量心の修行では、無量の衆生、すなわち一切衆生にたいして、人間だけでなく、動物や虫けら、魚などにも、さらに地獄の衆生までも心に思い浮かべて、それらの衆生が安楽であることを願い、幸福であるようにと念ずるのであります。

つぎに「悲」とは「カルナー」(karuṇā) といいまして、苦しんでいる人にたいする「同情の心」をいいます。他人の苦しみを「いたむ心」であります。親は自分の子供が病気で苦しんでいるときには、その苦しみを自己の苦しみとして受けとめ、いてもたってもいられない気持ちになるでしょう。しかし関係のない人の苦しみ、嫌いな人の苦しみまでも、自分の子供の苦しみの如くに受けとめて、一緒になって苦しむことは至難のことです。仏陀の徳に「十八不共法《じゅうはちふぐうほう》」というのがあります。不共とは、仏陀だけがそなえておられる徳で、縁覚や阿羅漢などはそなえていない徳です。この十八不共法は、十力《じゅうりき》・四無所畏《しむしょい》・三念住《さんねんじゅう》・大悲の十八法です。この最後に「大悲」が含まれています。大悲は「大きな悲しみ」でありますが、これは衆生が好んで悪をおこない、悪趣に沈淪《ちんりん》して、出離の期のないことにたいする仏陀の深い悲しみを示した言葉です。仏の教えに「抜苦与楽《ばっくよらく》」ということがありますが、行者が、いかにしたら衆生の苦を抜くことができるかを専心に思惟して、禅定に入るところに「悲無量心」の実践が成就するのであります。すなわち一切衆生を対象にして、悲を専心に思惟して、心が集中し、禅定に入ることが悲無量心であります。これにたいして「抜苦与楽」の与楽は、いかにしたら今自己の味わっているような安楽を、一切衆生が得ることができるかと、専心に思惟し、心を集中して、禅定に入ることでありまして、これは慈無量心であります。このように四無量心は禅定の修行の一種であります。

すなわち慈はいつくしむ心、悲はいたむ心と、分かれておりますが、しかし性質は同じでありまして、ともに「無瞋」すなわち「いかりのないこと」が慈無量心と悲無量心の性であると説かれています。そして慈無量心を修することによって、自己の心中の「眼」を対治することができ、また悲無量心を修することによって、心中の「害」（他を害しようと思う心）を対治することができるといいます。

四無量心の第三は喜無量心です。「喜」は「ムディター」(muditā)といいまして、喜ぶことでありますが、他人の幸福を祝福してやる心であります。他人が喜んでいるの見て、自分も一緒になって喜んであげることです。しかし友達は入学試験に合格して喜んでいても、自分は落第した場合に、その人の喜びを自己の喜びとして、祝福してあげるということはむつかしいことです。人間には誰にも嫉妬の心があるからです。しかし他人の成功を嫉妬することは苦しいことです。「嫉妬に身を焦がす」といいますが、嫉妬はみにくいことですし、苦しいことです。故に私共が、苦から解脱しようと思うならば、嫉妬をおこさないで、広い心を持つ必要があります。そのためにはつとめて「喜無量心」を修して、狭量な嫉妬から脱することが大切です。そこに真の幸福があるからです。

喜無量心とは「有情を欣慰《ごんい》することである」と説明されています。それ故、喜無量心は「不欣慰を退治する」と説明されています。不欣慰は嫉妬を体としていると説明されていますから、嫉妬を克服して広い心が喜無量心であるわけです。どんな人でも喜んでいる人を見るのは気持のよいことであると思惟して、喜心を生じて、専念し、心を集中して、禅定に入るのが喜無量心であります。

第四に捨無量心の「捨」は「ウペークシャー」(upekṣā)といいまして、「無関心になること」

をいいます。すなわち私共は、他人の幸福をねがい、不幸になることを望まず、すべての人が安楽であることを願うのでありますが、しかしそれに捉われることは行きすぎであります。故に、一切衆生にたいする慈心・悲心・喜心の根底には、「一切衆生は平等であり、衆生にたいして親怨あることなし」という「平等心」に住することが大切です。一切衆生にたいして、怨みと親しみを超越した平等心に住し、平等心に専念し、心を集中して、禅定に入るところに捨無量心が成就します。捨無量心の本質は「無貪」（むさぼらないこと）であると説明されています。無貪というのは、貪りが無いことですが、同時にそこには貪りを克服する強い自制心があるわけです。この自制心が無貪です。

ともかく四無量心は四障を退治するといいまして、慈無量心は瞋（いかる心）を退治し、悲無量心は害（相手を害する心）を退治し、喜無量心は不欣慰を退治し、捨無量心は欲界の貪と瞋とを退治すると説明しています。捨は平等心であり、無貪の性でありますから、貪を退治することは理解できますが、瞋までも退治できるかという疑問が提示されています。しかし捨は平等心でありまして、貪にも瞋にも動かされないものですから、貪と同時に瞋をも退治するというのであります。

四無量心を「無量」というのは、無量の衆生を対象として修するからであり、さらに四無量を修すれば、無量の福が生ずるからであり、また無量の果報を感ずるからであると言っています。

このように四無量心を実行すれば、真の幸福が得られるわけです。

しかし慈無量心は衆生に楽があることを念じ、悲無量心は衆生が苦を離れることを念じ、喜無量心は一切衆生に喜びがあることを念じ、捨無量心は一切衆生の平安を念ずるのでありますが、しかしこれは心が禅定に入って、このように念ずることでありますから、実際に衆生に楽を与え、苦から脱せしめ、喜を得しめることができるわけではありません。しかし世界の人が、絶えず「世界が平和でありますように」と念じておれば、知らず知らずのうちにそれが世界の平和の維持に役立っているのであります。それと同様に、多くの人が四無量心を念じておれば、やはりそれだけの力はあるわけであります。

以上は『倶舎論』の説明によって四無量心の意味を見たのでありますが、『大智度論』や『瑜《ゆ》伽《が》師《し》地《じ》論《ろん》』には大乗的な四無量心の解釈が示されています。『智度論』によりますと、四無量心をつぎの如く説明しています。

「慈とは、衆生を愛念して、常に安穏の楽事を求めて、以ってこれを饒益《にょうやく》するに名づく。悲とは、衆生を愍念して五道の中に種々の身苦と心苦とを受くるに名づく。喜とは、衆生をして楽に従い、歓喜を得しめんと欲するに名づく。捨とは、(慈・悲・喜の)三種の心を捨て、但だ衆生を念じて、憎まず愛せざるに名づく。慈心を修するは、衆生の中の瞋覚を除かんがための故なり。悲心を修するは、衆生の中の悩覚を除かんがための故なり。喜心を修するは、衆生の不悦楽を除かんがための故なり。捨心を修するは、衆生の中の愛憎を除かんがための故なり」と述べていまして、単に禅定の中で、慈悲喜捨を念ずるだけでなく、慈心を修して衆生の瞋心を除き、悲心を修して衆生の悩心を除き、喜心を修して衆生の不悦楽の心を除き、捨心を修して衆生の愛憎を除かんとするのでありますから、四無量心の立場から衆生に働きかけるのであります。

故に「声聞がこの四無量を行ずるには、自調、自利のためなるが故に、ただ衆生を空念するのみなるも、菩薩が是の慈心を行ずるは、衆生をして苦を離れ楽を得しめんと欲するにして、この慈心の因縁に従って、また自ら福徳を作し、また他に教えて福徳を作さしめるのである」と示しておりまして、声聞乗の四無量の修行は「空念」であるが、菩薩乗の四無量の修行には、衆生に働きかけて、実際に苦を離れ楽を得しめる実践があると言っております。

そして菩薩の慈心の修行には、三種があると言って、衆生縁と法縁と無縁との三種の四無量心の実践を示しています。

第一の衆生縁の四無量心というのは、衆生を所縁（対象）として、四無量心を行ずることであります。十方世界の一切衆生を対象として、慈心を修し、怒りや恨、怨、悩等の心をすべて除き去り、専ら慈心のみによって、一切衆生に遍満するのであると説き、これと同じ方法で悲心・喜心・捨心をも修すると言っています。故にこれは『倶舎論』等で説く四無量心とそれほど違わないのであります。ただ四無量の実践が徹底しているのでありまして、例えば慈心を修するときには、十方五道の衆生の中にて、慈心をもってこれを見ること、（自己の）父の如く母の如くにし、常に好事を求めて、（衆生に）利益安楽を得せしめんと欲し、この如き心をもって遍ねく十方の衆生の中に満つるのであると言っています。このように衆生縁の慈無量心とは、十方の衆生を対象として、実際に慈心を行じ、利益安楽を得しめることであります。悲心・喜心・捨心についても、同様に説いています。

つぎに「法縁の四無量心」といいますのは、無我の立場で四無量心を行ずることであります。衆生といいましても、衆生という実体があるのではないのでして、諸法が集まって衆生が成立しています。自己を念ずるにしても、他人を念ずるにしても、法の集合体として念ずるのでありま す。その立場で、衆生に慈悲喜捨を得しめんとするのであります。それは諸仏の慈心によるのであります。

「無縁とは、是の慈は諸仏のみに有り」と説いていまして、無縁に徹しつつしかも慈心を生じうるのは、諸仏のみであります。この立場で、諸仏は悲心・喜心・捨心をも生ずると説いています。なおこの衆生縁・法縁・無縁の三種の四無量心は『瑜伽師地論』にも説かれています。これらの三種の四無量心に、大乗仏教の特色が示されています。

第十九回　四念処観

四念処観《しねんじょかん》は、人間の本質を洞察する観法であります。これは、身体と感受・心・法の四つを対象とする観法です。これらの身・受・心・法は人間を構成している重要な要素ですから、これらを正しく観察し、正しい認識を持つことが大切です。そのために四念処観は、釈尊が最も重要視された修行道の一つであります。

四念処観の第一は、身体を観察することでありますが、身体は自己にとって最も大切なものですが、同時に他人の身体も、私共が最も強く関心をもっているものです。私共は、人間の身体を「美しいもの、清浄なものである」と思っています。「色香に迷う」という言葉がありますが、人間のみならず、広く動物には、異性の肉体に強く引かれる習性があります。すなわち身体を非常に魅力的なものであると思うわけです。そのために異性の肉体を美化して受け入れ、肉体を清浄なものであると考えるのであろうと思います。

同時に私共は、自分の身体に強い愛着を持っています。そして大切にしています。何よりも、自己の身体が健康であることを望み、若さをいつまでも維持したいと思います。そのために老人になっても、老いの醜さが自分の身体に現れていることを認めようとしません。ここに、身体は清浄であるという考えが起こるのであろうと思いますが、しかし実際には肉体はそれほどきれいなものではありません。そのことは人間がひとたび死んでしまえば、その死体をわれわれがどう見るかということを考えただけでも、明らかであろうと思います。すなわち死んだあとに不浄であれば、死ぬ前でもそれほど清浄であるはずはないのです。

そのために肉体は清浄であるという期待は裏切られるのでありまして、そこにもろもろの苦しみが生ずるのであります。それ故、「身体は清浄である」という迷妄性を打破するところに、肉体に対する正しい理解が生じ、心の平安が得られると思います。四念処観の第一の「身念処観」は、身体の真実の在り方を洞察する観法であります。それについては後に取り上げます。

四念処観の第二は「受《じゅ》念処観」です。私共は「受」を楽と感じています。人間には、「人生には楽がある」という強い執着があります。しかし現実を見れば、人生は苦であると思う人が多いと思います。世の中のことは何一つ、自分の思うようにならないからです。しかしそれにも拘らず、人間は「必ずよい時がくる。いまは苦しいがそのうちに楽になる」という信念が、誰にもあると思います。すなわち人間は、未来に希望をつないで、人生に執着して生きているのであります。すなわち七十歳になっても、八十歳になっても、「そのうちによい時が来る」という強い期待があります。これが「楽受」にたいする執着であります。

受は「感受」などと訳しますが、これは感覚より深いものですが、感情というと行きすぎてしまいまして、その中間にある情緒的な心理作用を言います。英語には feeling などと訳されています。そして受は、苦受・楽受・不苦不楽受（捨受）の三受に区別され、さらに苦受を苦と憂に分け、楽受を喜と楽に分け、苦・楽・憂・喜・捨の五受ともしています。ともかく苦受と楽受が重要なわけです。そして人間は現実には苦が優勢であることを認めつつも、（何故なれば現実は自分の思うようにならないからです。そこに苦が生じます）、未来には必ず楽があるという強い期待、執着を持っています。しかしこの期待は報われないと思います。何故なれば、人間の欲望には限りがないからです。この受にたいする迷妄性を打破して、受にたいする正しい理解を持つことが、受念処観の目的です。

第三は「心念処観」であります。私共は自分の心はたしかであると思っています。自分の心で考えたことは間違いないと思っています。人はよく「絶対に間違いありません」などといいます。若い男女が愛を誓いあう時にも、自分の愛情は絶対に変わらないと信じて誓うのでしょう。このように心は変わらないと思っても、しかし実際には、人間の心は意外に頼りにならないものです。すなわち、心は変わり易いものです。いま一つのことを考えていると思ったら、気のつかないうちに、もう別のことを考えているのが心です。いまは善心であっても、何かの拍子に悪心に変わってしまいます。世間で信頼されている立派な人が、悪事をはたらいたり、万引をしたりすることがあります。そして言いわけに「出来心でしました」とか、「魔がさしたから」とか言います。つまり人間の心は、いつ、どんなことを思いつくか分からないものです。そして利益をもって誘惑されると、その誘惑をしりぞけることはむつかしいものです。そのことは、毎日の新聞に贈賄・収賄のニュースが後をたたないことからも知られることです。

このように心は変わり易いものでありますから「心は無常である」というのです。心念処観は、この心の無常性を洞察する観法であります。

四念処観の第四は「法念処観」でありまして、法を無我と観ずる観法であります。法とは、この場合は「もの」と言ってもよいのですが、法とは「縁起によって生じたもの」を言うのでありますす。衆縁所生のものが法であります。長部の『大念処経《だいねんじょきょう》』では、法念処の法として、最初に五蓋《ごがい》という五種の煩悩を出し、次に五取蘊、ついで六内処《ろくないしょ》、六外処《げ》、七覚支、四聖諦、十二縁起、八聖道などを挙げています。しかし「法は無我である」とは、法は多くの縁が集まって出来たものであることが理由になっています。しかしここには、一々の法の内容や性質について述べることは省略したいと思います。法には、涅槃のように縁より生じない法もあります。因縁より生じた法を有為法《ういほう》といい、そうでない法を無《む》為法といいます。

ともかく法念処観は、法の次元で人間の在り方を考察するものでして、五蓋は欲界の煩悩を示したものです。そして五取蘊も人間が五蘊の集合体であると共に、煩悩に色づけられて存続していくことを示しています。このように人間の迷いの在り方と悟りの在り方とが、法の次元で成立していることを示しつつ、しかも諸法が無我であることを観ずるのが、法念処観であります。

しかし四念処観は観法でありますので、禅定に入って心を統一し、心が定に住したところで、四念処の観法を修するのであります。故に凡夫が直ちに四念処を実習することは困難です。そのことを考慮しながら、四念処の内容を見てみたいと思います。

『大念処経』には四念処について、四念処は、衆生を浄化するため、憂いと悲しみを超越するため、苦しみと悩みを滅するため、正智を証得するため、涅槃を作証するための、唯一の主導的な修行道であると言っています。すなわち人間の実存を正しく知ることが、苦悩を越えて、正智を得、涅槃を悟る道であるわけです。しかしそのためには、四念処を実習して、身・受・心・法に於いて、熱意をもって身・受・心・法を随観して住し、正智と正念を有し、世間における貪りと憂いとを調伏すべきであると説いています。

『大念処経』では、身念処観のはじめに、数息観を説いています。これは呼吸を観ずる観法です。例えば十回の呼吸を数えることは容易なようですが、坐禅をして実際に呼吸を数えてみますと、十まで数えることは容易でありません。途中で別のことを考えてしまうからです。しかし念を呼吸に集中して、長い息を長い息と知って吸い、短い息を短い息と知って吸い、全身を認知して息を吸い、身体の活動を鎮めて息を吸う等、身体の種々の在り方に即して呼吸を観ずるのです。それによって身体に即して、生法と滅法を観じ、生滅法を観ずると説いています。数息観は身体の生理的な在り方を正しく理解する観法であると思います。

身体の生理的な在り方の観法には、なお他の種類もありますが、このような観法を卒業すると、次に不浄観を修します。これは自己の身体には多くの不浄物があることを観ずる観法であります。さらにその後には、死体が墓所に捨てられて、動物に喰われたり、或いは次第に腐敗し、体の形が壊れて、最後には白骨のみが残るプロセスを観想します。これにつづいて、白骨を観ずる観法が説かれています。

このような種々の観法を修するのは、それによって自己の身体が持っている種々の性質を正しく理解することを目的としています。われわれは病気によって苦しみ、老衰によって悩み、最後には死に直面します。そして、うろたえ、あわてます。これにたいして身念処観を実習するのは、いたずらに厭世観を持つためではなく、身体の本性を洞察することによって、身体より生ずる苦しみを正しく知り、これらを超越して、苦からの解脱を得るためです。苦から脱することによって、智慧が正しく活動するからであります。

なお四念処観の教説には、身念処につづいて、受念処を示し、さらに心念処、法念処を説いています。そして、身を不浄と観じ、受を苦と観じ、心を無常と観じ、法を無我と観ずることによって、浄楽我常《じょうらくがじょう》の四顛倒《してんどう》を破するのであると説いています。しかし最も重要なことは、一切の存在は因縁より生ずるものでありますから、その本性は空であることです。不浄・苦・無常・無我も一面の真理でありますが、しかしそれらに執われれば迷いの原因になります。そのために大乗の四念処観の教説では、一切に執着を持たないで、人間のあるがままの現実を、如実に知る空の智慧が重視されています。

第二十回

大無量寿経

『大無量寿経』は大蔵経では『仏説無量寿経』となっておりまして、大の字はついておりません。しかし大の字のついた『大無量寿経』が有名なのは、親鸞聖人が『教行信証』の中で、「夫《そ》れ真実の教を顕わさば、則ち大無量寿経これなり」と説かれまして、『大無量寿経』を「真実の教」とたたえられ、これに大の字をつけて呼んでおられます。このことが、「大無量寿経」の名が広くひろまったのに力があったと思います。それから、『阿弥陀経』を「小経」といいまして、無量寿経を「大経」と呼ぶことも、大無量寿経の呼称がおこなわれる理由の一つであろうと思います。『阿弥陀経』と『無量寿経』とは、漢訳では経名が違いますが、しかし『阿弥陀経』の阿弥陀には「無量寿・無量光」の意味がありますので、『無量寿経』というのも、『阿弥陀経』というのも、意味は同じなのであります。

そして『無量寿経』も『阿弥陀経』も、梵文では同じ名称で呼ばれています。それは「スカーヴァティ・ヴューハ」（極楽の荘厳）というのでして、『無量寿経』にも『阿弥陀経』にも同じ「スカーヴァティ・ヴューハ」という名がついています。ただ『阿弥陀経』は小さな経典でして、極楽の結構を簡単に説いています。故に漢訳では、いそいで読めば五分か十分で読むことができます。これにたいして『無量寿経』には、阿弥陀仏の因位である法蔵菩薩の本願の建立からはじめて、浄土の建立、浄土の結構を詳しく述べております。そして、阿弥陀仏のそなえる徳についても詳しい説明があります。そのために分量も多く、二巻に分かれておりまして、早口で読誦しても一時間以上かかります。

なお阿弥陀仏の浄土の結構を詳しく説いている経典には、『無量寿経』と『阿弥陀経』と共に、『観無量寿経』があります。これは阿弥陀仏や極楽を観想することを説いた経典でして、有名な韋提希《いだいけ》夫人の受難がこの経を説く発端になっています。そして以上の三経を「浄土三部経」といいまして、浄土教の教理を説いている重要な経典であります。

『大無量寿経』にはまずはじめに、釈尊が王舎城の耆闍崛山《ぎじゃくっせん》におられたとき、比丘の大衆、菩薩の大衆が集ったことを述べています。これを聴聞衆といいます。次にここに集まった菩薩は普賢菩薩・文殊菩薩・慈氏《じし》菩薩等、すでに菩薩の修行を完成した大菩薩であることを述べ、一会の間に一切の仏国に至って、一切衆生を済度し、無量の功徳を積んでいることを述べています。かかる大菩薩が数え切れないほど多数に来会しています。

そして教主の釈尊もこの時は特別に、諸根が喜びにあふれ、姿色が清浄で、顔色も光輝いて、特別な教えを説こうとしておられる様子が見えます。この釈尊の容色の普通でないのに、阿難の心が動かされて、本日世尊はどのような教えを説いて下さるのでしょうかと質問をします。この阿難のお願いに応じて、釈尊の説法がはじまります。

まずはじめに阿弥陀仏の「因の位」である法蔵菩薩の浄土建立の本願について述べます。過去久遠無量不可思議無央数劫の昔に錠光《じょうこう》如来がこの世に現われました。そしてその後多くの仏が相ついで現われまして、衆生を済度されましたが、世自在王仏の時になって、一人の王が仏の教えを聞いて、無上道に発心し、出家して法蔵菩薩と名乗られました。そして世自在王仏の導きによって、諸仏の仏国土を詳しく見て、五劫思惟の結果、浄土を建立せんとして、四十八の本願を建てました。そして兆載永劫の修行の結果、本願を満足して、浄土を建立されたのであります。

同時に自らは阿弥陀仏（無量の光明と無量の寿命を持つ仏陀）となられたのです。この無量寿仏のお徳を、『大無量寿経』では、光明の仏陀として示しています。具体的に言いますと、無量《むりょう》光仏《こうぶつ》・無辺《むへん》光仏・無礙《むげ》光仏・無対《むたい》光仏・炎王《えんおう》光仏・清浄《しょうじょう》光仏・歓喜《かんぎ》光仏・智慧《ちえ》光仏・不断《ふだん》光仏・難思《なんじ》光仏・無称《むしょう》光仏・超日月光仏《ちょうにちがっこう》の「十二光仏」であります。

この「光明の仏陀」ということが、親鸞聖人が阿弥陀仏を理解する重要なポイントとなっています。とくに親鸞聖人は「不可思議光仏」という呼び方を好んで用いられました。如来の不可思議な光明に自己が光被されているという体験が、親鸞聖人の信仰の中核になっていると思います。「正信偈」にも「摂取の心光つねに照護したもう」と説かれ、或いはまた「煩悩に眼さえられて見たてまつらずと雖も、大悲ものうきこと無くして、常に我を照らしたもう」とも説いておられます。

如来の大悲の光明に、自己が照らされ護られているという宗教体験が、『大無量寿経』の示そうとしているところであると思います。故に『大無量寿経』には、「それ衆生ありて、この光に遇う者は三垢消滅して、身と意と柔軟《にゅうなん》なり。歓喜踊躍《ゆやく》して、善心生ず。もし三塗勤苦《さんずごんく》のところに在りて、この光明を見たてまつれば、みな休息を得て、また苦悩なし」と説いています。如来の光明は、あらゆる衆生の苦悩をしずめる力があるのです。如来の光明を、そういう受けとめ方で受けることが大切であると思います。しかし実際には衆生は煩悩に智慧の眼が障害されて、如来の摂取の光明に自己が照らされていることを知らないのです。

釈尊が極楽浄土の結構を説いたあとに、阿難等に無量寿仏を礼拝することをすすめます。そのすすめに応じて、阿難は衣服を整え、正身西面して無量寿仏を礼拝します。そして彼の仏国を見ることを願いました。その言葉に応じて、無量寿仏は大光明を放って、あまねく一切の諸仏世界を照らされたのです。そして此の土の金剛囲山・須弥山王・大小の諸山、一切のものはすべて仏の光明に照らされて一色となり、たとえば劫水が世界を弥満《びまん》して、万物がその中に沈没して現れないように、阿弥陀仏の光明に一切は隠蔽され、仏の光明のみが明曜顕赫として、一切を照らしたのです。そして阿弥陀仏は威徳巍巍として、須弥山王の如く一切世界の上に高くそびえ、相好光明照曜せずということはなかったのです。この阿弥陀の光明を、この土の一切衆生は仏の威神力によって見ることができたのであります。

このように『大無量寿経』では、無量寿仏が光明の仏陀であることを詳しく述べています。そしてその後で、無量寿仏の寿命は長久で、称計すべからざることを説いています。そして浄土の声聞・菩薩・天人衆の寿量も仏と同じであり、その数は無量無数であると説いております。

『大無量寿経』では、阿弥陀仏が無量寿・無量光の仏であることを説いたあとで、極楽の結構について詳しく述べています。安養国土は七宝でできた美しい国土であります。そこには天の優《う》鉢羅華《はつらけ》・鉢曇摩華《はどま》・拘物頭華《くもつず》・分陀利華《ふんだり》等の各種の蓮華に覆われた宝池があります。極楽の衆生はこの池に入って水浴をします。この池に入ると、冷媛自然に意に随い、神（心）を開き、体を悦こばしめ、心垢を蕩除するといいます。さらに極楽には風が吹いて木々を鳴らし、無量の自然の好声があります。さらに食鉢には意に随って百味の飲食が自然に盈満《えいまん》するといいます。しかも極楽の衆生はその食物をたべなくとも自然に飽食するといいます。このように極楽には種々の楽があり、「三塗苦難あることなく、ただ自然快楽の音のみあり。是の故に其の国を名けて極楽という」と説いています。しかし極楽の結構については小本の『阿弥陀経』にも詳しく説かれていますので、大本の『大無量寿経』の特色は、阿弥陀仏を光明無量の仏陀と説いている点にあると考えます。そしてそこに、観経や小経をさしおいて、親鸞聖人が『大無量寿経』を「真実の教」と理解された理由があると思います。

その次に『大無量寿経』の特色は、極楽に往生する方法が説かれている点であります。衆生が極楽に往生し得る根拠は、法蔵菩薩の本願にあります。法蔵菩薩が衆生を救済する本願を立てられたから、その本願に乗託して、衆生は極楽に往生しうるのです。世の中のことは、自然の道理に基づいて行われることと、人間の意志に基づいて行われることがあります。例えば人間は、自然の道理に背いて生きていくことはできません。しかしよりよい生活を実現しようと思えば、その上に努力が必要です。現代の文明社会の成立は人間の意志、努力による点が大きいです。例えば原子爆弾なども、人間の意志によって作られたわけです。人間が作ろうと思わなければ、原爆ができる筈はないのです。

極楽浄土の建立は法蔵菩薩の本願によって修起されたものであると言われていますが、とくに衆生が極楽に往生することは、四十八願のうちの、第十八・十九・二十の三つの願に示されています。第十八願には「十方の衆生が至心に信楽して、我が国に生ぜんと欲して、乃至十念せんに、若し生ぜずんば正覚を取らじ」と誓われています。但しこれには五逆と誹謗正法の人は除かれています。衆生は至心に信楽すれば、乃至十念によって極楽に往生できるというのです。次の第十九願には、「十方の衆生が菩提心を発こし、諸の功徳を修し、至心に発願して我が国に生ぜんと欲せんに、寿終の時に臨んで、たとい大衆のために囲繞せられて其の人の前に現ぜずんば、正覚を取らじ」と誓われています。即ち菩提心を発した衆生が善根を修し、至心に発願して極楽往生を願うならば、臨終の時に阿弥陀仏は大衆に囲繞せられて、その人の前に現われ、極楽に引接するというのです。これは臨終に阿弥陀仏が迎えに来るというのですから容易でありません。

第二十願は「十方の衆生が、我が名号を聞いて、念を我が国に係け、諸の徳本を植え、至心に廻向して、我が国に生ぜんと欲して果遂せずんば、正覚を取らじ」と誓われています。これは極楽に生まれたいと思う人が、往生を願いつつ徳本を植えて、これを至心に廻向して往生を願えば、往生できるというのです。以上の三願については、浄土教の論師たちにいろいろの解釈がありますが、本願に乗託する信が大切であると思います。

以上、『大無量寿経』を、阿弥陀仏のそなえる徳と、極楽の結構と、浄土の建立・浄土往生の因となる法蔵菩薩の本願との三方面から簡単に示しました。しかしなお多くの重要なことが残されていることは、言うまでもありません。

第二十一回　修行の階位

修行の階位とは、仏教の修行の階段のことでして、仏教の修行に発心した修行者が、どんな順序によって悟りに進んでゆくかを示したものです。

修行の階位で最初に成立したものは、原始仏教で説く階位でして、『阿含経』に説かれています。これは預流果・一来果・不還果・阿羅漢果の四果の位であります。この四果に、「果に向かう者」と「果に達した者」とを分けまして、預流向・預流果等と、四向・四果を立てて、四双八輩とも言います。預流果というのは、仏教の流れに入ったという意味でして、これを「四不壊浄」ともいいます。これは仏法僧の三宝に「不壊の浄信」（破壊されることのない堅固な信仰）を得て、さらに信者の五戒を受けた人を「四不壊浄」といいます。これが預流果です。しかしのちには、四聖諦の法を観察して、集法は即ち滅法であるという証悟を得た人を指すようになりました。預流果に達した人は、地獄・餓鬼・畜生の三悪道に堕することが無くなります。命終しても、人間あるいは天界に生まれて、人間界に七回生まれる間に涅槃に入りますので、これを「極七返有《ごくしっぽんう》」といいます。

預流果から更に修行が進んで、欲界にたいする執着が薄くなった人を「三毒薄」といいます。この人は貪瞋痴の三毒が薄くなるのです。この人は死して天界に生まれ、一回この世に戻ってきて、悟りを完成します。一回この世に戻ってきますので「一来果」といいます。

次は欲界にたいする煩悩を全部断じてしまって、死後には天界（色界・無色界）に生まれて、再びこの世に戻ってこない人があります。これを「不還果」といいます。

次は三界（欲界・色界・無色界）即ち輪廻の世界に執着する煩悩をすべて断じてしまって、死後には再び生死の世界に戻らない人が「阿羅漢果」の聖者でして、死後は涅槃界に入ると見られています。

なおアビダルマ仏教の時代になりますと、四聖諦の教理を観察して、その観法が完成する直前までを「見道」と呼び、これを預流向といいます。そして預流果から一来向・一来果・不還向・不還果・阿羅漢向までの六を「修道」と呼び、阿羅漢果を「無学道」と呼んで、三道に区別しています。さらに見道に入り、或いは四不壊浄を得て、涅槃に入ることが確立した人を「正定聚」と呼び、まだ仏教の信が確立していない段階を「不定聚」と呼び、仏教の信仰に入らないで、因果撥無の邪見などを説く人々を「邪定聚」と見る「三聚」の考え方も、すでに『阿含経』に説かれていまして、大乗仏教に受けつがれています。

次に仏伝文学において、釈尊が菩薩の時にどのように菩提心を起こされ、ついで修行をして、成仏にまで至ったかが研究されまして、三阿僧祇劫の修行と、三十二相を得るための百劫の修行とが説かれています。そして菩薩の修行が「十地」の階位にまとめられました。『太子瑞応本起《たいしずいおうほんぎ》経《きょう》』には、「菩薩は九十一劫において、道徳を修し、仏意を学び、十地の行に通じて一生補処に在り、後に第四兜術天上に生まれて、諸天の師となり、功成じ志就《な》り、神智無量にして、期運の至り、当さに下りて作仏せんとす」と述べています。釈迦菩薩は百劫の修行を九十一劫で完成し、兜率天より下生して、まさに成仏せんとしているというのです。

ここに「十地の行」と言っていますから、釈迦菩薩の修行の階位が十地からなっていたことが知られますし、十地の行を登りつめて「一生補処」の位に達していたことが分かります。一生補処の位とは、一生だけ生死に繋縛されており、次生には必ず成仏して、仏の位を補う菩薩であります。この一生補処は「灌頂位《かんじょうい》」とも言われています。世俗の王が灌頂を受けて王位に即くように、菩薩が修行を完成して、仏位に即くのを灌頂と呼んだのです。菩薩が十地の位を極めて一生補処に至ることは、仏伝文学にしばしば出ていますが、しかし十地の一々の名称は、大衆部系の仏伝である「大事」にだけ出ています。しかし釈尊が遠い過去世において、婆羅門の青年であったとき、燃灯仏《ねんとうぶつ》にお目にかかり、その智慧と慈悲にあふれた崇高なお姿に打たれて、自分もこのような仏陀になりたいと思い、菩提心をおこして、五茎の花を仏の上に散じ、髪を地に布いて、必らず仏にならんとの願いを起こしました。燃灯仏は釈迦菩薩のこの強い願いを見られて、「汝は未来世において釈迦牟尼仏という仏陀になるであろう」との「記別《きべつ》」を授けられました。それから釈迦菩薩の烈しい菩薩の修行がはじまるのでして、三阿僧祇劫の修行により、六波羅蜜の行を完成し、十地の位を登りつめて、一生補処の菩薩となり、兜率天に住していたのです。そしていよいよ時期が来て、釈迦菩薩は六牙の白象の姿をとって兜率天より下生し、摩耶夫人の母胎に神を託されたのです。そして月満ちて母胎より出生し、誕生・出家・六年の修行を経て、菩提樹下に降魔成道し、仏陀となられたのであります。

この釈迦菩薩の修行は、燃灯如来より当来作仏の授記を得られたときからはじまるのでして、その修行の進展を十地の段階にまとめたのは、仏伝文学を説いた人びとであったと思います。

この仏伝文学の釈迦菩薩の階位をモデルにして、一般の菩薩の修行の階位をもとめたのは大乗仏教徒です。『般若経』には「四種菩薩」の階位と、「十地」の階位とが説かれています。

四種菩薩の階位は、『般若経』としては成立の古い『小品《しょうぼん》般若経』をはじめ、その他の成立の古い大乗経典に説かれています。四種菩薩とは次の如くです。

初発心菩薩

行六波羅蜜菩薩
不退転菩薩
一生補処菩薩

最初の初発心菩薩は、菩薩の修行の第一歩を踏み出した菩薩です。釈迦菩薩のように、燃灯如来から当来作仏の授記を得るような派手な発心でなくとも、ともかく堅固な発心が必要です。そうでないと少しの困難にもたじろいて、発心を放棄してしまうからです。故に発菩提心ということは、容易にできることではないのです。第二の行六波羅蜜菩薩とは、菩薩の修行は六波羅蜜ですから、長年月にわたって六波羅蜜を修行する期間です。第三の不退転菩薩とは、不退菩薩とも言いまして、菩提心が堅固になり、いかなる困難にもたじろぐことが無くなった段階です。これは、無生法忍を得た菩薩とも言われています。第四の一生補処菩薩は、菩薩の修行の完成した段階です。この四種菩薩は、菩薩の修行の重要な節目を示したものです。

つぎに『大品般若経《だいぼん》』には「十地」の階位を説いています。これは次の通りです。

一 乾慧地《けんね》、二 性地《しょう》、三 八人地《はちにん》、四 見地《けん》、五 薄地《ぼ》、六 離欲地《りよく》、七 已作地《いさ》、八 辟支仏地《びゃくしぶつ》、九 菩薩地《ぼさつ》、十 仏地《ぶつ》

第一の乾慧地とは乾いた智慧の意味で、智慧が禅定の水に潤おされていないので、煩悩を断ずる力がないのです。これは凡夫の段階です。第二の性地も凡夫の段階ですが、これは将来、菩薩乗・辟支仏乗・声聞乗のどの方向に進むか、行者の根性がきまる段階です。第三の八人地は、八忍八智といいまして、三乗の修行者が必らず通過する「見道」を言うのです。第四の見地ははじめて証果を得た段階で、預流果のことです。第五の薄地は三毒薄のことで、一来果をいいます。第六離欲地は、欲界への貪欲・煩悩を断ずる位で、不還果のことです。第七已作地は阿羅漢果のことです。第八辟支仏地は辟支仏の悟り、これは独覚のことで、阿羅漢の上にあります。第九菩薩地は成仏のための修行者で辟支仏より勝れています。第十仏地は成仏の位です。

以上の十地は、乾慧地・性地が凡夫の段階、次の八人地から已作地までの五地は声聞乗の階位をそのままここに当てはめたものです。そしてその上に、独覚・菩薩・仏を置いたものでして、声聞・独覚・菩薩の三乗をうちに含んだ十地でありますので「共《ぐう》の十地」といいます。

次に純粋な大乗菩薩の修行の階位を示したものは、『華厳経』に説く十地説でして、華厳系統の『菩薩本業経』等の説く「十住説」と、『十地経』の説く「十地説」とがあります。十住説の方が成立が早いのでして、最初は十住説が尊重されましたが、後に『十地経』が現れて、完全な十地説が説かれたので、十住説は、十地よりも低い段階に貶《おと》しめられてしまいました。そして

『華厳経』全体として、十信・十住・十行・十廻向・十地の「菩薩の階位」が完備したのでありま す。しかし十住でも十地でも、それぞれが菩薩の修行を始めから終わりまでを説いているのです。

十住の階位は、

一　初発心住《しょほっしんじゅう》、二　治地《じち》住、三　修行住、四　生貴《しょうき》住、五　具足方便住、六　正心《しょうしん》住、七　不退住、八　童心住、九　王子住、十　灌頂住

であります。すなわち「初発心」からはじまって、第七に「不退」をおき、「灌頂」で終わっています。

つぎに『十地経』の「十地」は、

一　歓喜地、二　離垢地、三　発光《ほっこう》地、四　焔慧《えんね》地、五　難勝《なんしょう》地、六　現前地、七　遠行《おんぎょう》地、八　不動地、九　善慧《ぜんね》地、十　法雲《ほううん》地

以上の十地であります。これらを一言しますと、歓喜地とははじめて聖智が現れて歓喜する位、

離垢地とは戒を守って心の垢を離れる位、発光地は法を観じて智慧の光が現れる位、焔慧地はその智慧が更に光を増す位、難勝地は魔軍も打ち勝つことができない位、現前地は縁起を観じて聖智現前する位、ここに「三界は虚妄にして唯これ一心の作なり」の言葉があります。第七遠行地は三界を遠く離れて法王の位に近づく位。ここで菩薩の修行がほぼ完成します。第八不動地は一切の功用を捨てて無功用となる位。第九善慧地はその慧がさらに勝れるので善慧地といい、無限に仏に近づく位。第十法雲地は灌頂に住する菩薩で、仏と異ならない位。

以上は『華厳経』の説く十地の一瞥ですが、ともかく菩薩の修行は難行であり、深淵でありますから、その理解は困難です。これが菩薩行の代表説ですが、しかしわれわれとしては、最初の位の「十信」を詳しく研究する方が有意義であるかとも思います。

第二十二回　大乗仏教の歴史 一

大乗仏教は紀元前後のころにインドに現れました。釈迦の正法は一千年つづくはずでしたが、五百年に減じたという言いつたえがありましたので、紀元前後といえばちょうどその五百年が近づいていた時代であります。そのために、仏教界に危機感がみなぎっていました。それは、正法を滅せしめないように、しっかりしなければならないという警戒感であります。『般若経』や『法華経』を読みますと、そういう危機感をひしひしと身に感じます。

大乗経典では『般若経』が最初に現れたと思いますが、『華厳経』や『宝積経』・『阿閦仏国経《あしゅくぶっこくきょう》』・『首楞厳三昧経』・『維摩経』などの原形も、それにつづいて現れました。さらにそのあとに『阿弥陀経』や『法華経』の原形が成立しました。もちろんこの外にも多くの大乗経典ができています。

これらの大乗経典は、すべて「如是我聞《にょぜがもん》」ではじまり、仏説とされています。その理由は、これらの経典の作者は菩薩でありますが、彼等は釈迦菩薩の修行のあとを真似て、自らも三阿僧祇劫の烈しい修行を達成し、成仏したいと決心していた人びとです。そして彼等が仏を念じて深い三昧に入ったとき、その禅定の中で仏陀を見て、その仏陀から教えを受けたのです。

観仏三昧には、阿弥陀仏を観想する般舟三昧が有名ですが、しかし『般若経』や『華厳経』、その他の多くの経典にそれぞれ観仏三昧が説かれていまして、菩薩たちはその三昧の中で、仏陀から教えを受けて、出定してからこの三昧の体験を経典として述べたのです。それ故、これを「仏説」とすることに疑いを持たなかったのであろうと思います。

このようにして初期の大乗経典は、紀元前後からほぼ二百年間ほどの間に、多数の経典が作られました。しかしそれらの経典の数が多く、しかも個々の経典にいろいろな思想や教理が説かれていますので、その上、経典の成立の前後もはっきりしませんから、これらの経典をまとめたり、秩序づけて説明したりすることは困難です。

ともかくこれらの初期の大乗経典が成立したあとに出世したのが龍樹であります。龍樹は紀元一五〇年から二五〇年ほどの間に活躍した人であります。そして経典に注釈を書いたり、著作を著わしたりして、大乗経典に文学的、象徴的に現わされていた思想を、論理的、体系的に示して、初期の大乗仏教の教学を大成した人であります。とくに『般若経』の空の思想を、釈尊の縁起・中道の思想と融合して示し、原始仏教の教理と大乗仏教の教理とのつながりを明確にしました。

彼の著作活動によって、大乗経典が釈尊の思想を祖述したものであることが明確になりました。例えば縁起や中道の思想は、釈尊の思想として原始仏教の経典の中に説かれていますが、龍樹が『中論』を著わして、この中で縁起を八不中道《はっぷちゅうどう》、空仮中《くうけちゅう》との関係で示すことによって、『般若経』の空の思想が縁起や中道の思想に融合して、縁起や中道の思想が非常に深みを増していると思います。

龍樹の著作は多いのですが、それらの中で最も重要なのは『中論頌《じゅ》』です。「中論五百偈」といいまして、約五百の偈文よりできています。これに後の学者が注釈をつけて『中論』となっています。龍樹の著わしたのは偈文だけですが、この中に重要な思想が現わされています。

つぎに『大智度論』百巻は『大品般若経』の注釈でありますが、これを龍樹の著作と認めない学者もいます。しかし『智度論』には、『中論頌』が沢山引用されていますし、思想的には『中論』と『大智度論』とは同系統の著作でして、これを龍樹の著作と見て差支えないものです。ともかく『大智度論』は『般若経』の思想を鮮明にした著作ですし、豊富な教理や物語りを示しておりまして、大乗仏教の教理を理解するのに重要な論書です。

つぎに『十住毘婆沙論』は『十地経』の注釈ですが、これは初地と二地の注釈でして、注釈としては不完全ですが、在家菩薩と出家菩薩との修行生活や戒律について詳説しており、大乗仏教の修行生活を知る上に重要な論書です。とくにその中に「易行品《いぎょうほん》」の一章があり、大乗仏教の修行にも自力難行道と他力易行道との二つがあることを明かしています。『阿弥陀経』や『法華経』は信仰に基づく仏の救済を説いていまして、大乗経典には『般若経』の如く、自力による烈しい修行を説く経典が多いのですが、しかしそのほかに信仰に基づく経典もあるのです。龍樹がこれらの信仰に基づく経典を示して、大乗仏教に自力と他力との二つの修行道のあることを示したことは、大乗仏教を理解する上で重要な意味を持っています。

なおこのほかに龍樹の著作には、『空七十論《くうしちじゅうろん》』や『六十頌如理論《ろくじゅうじゅにょりろん》』、『廻諍論《えじょうろん》』、『宝行王正論《ほうぎょうおうしょうろん》』、『勧誡王頌《かんかいおうじゅ》』などがあり、大乗仏教を理解する上に重要な参考書となっています。

このように龍樹は幅の広い思想家で、大乗仏教の多くの思想系統を明らかにしましたので、後世「八宗の祖」と言われています。しかし龍樹の明かした諸思想のうち、般若の空の思想を受けついだのがその弟子の聖提婆《しょうだいば》です。提婆は『百論』や『四百論』を著わして、空の立場で相手の主張を破斥したことで有名です。中国の三論宗は、龍樹作の『中論』と『十二門論』とに、提婆の『百論』を加えて、この三論を所依として、一宗の教理を立てています。しかしインドでは提婆のあとにラーフラバドラ（羅睺羅跋陀羅）があったと言われ、この三人の伝統によって学派が形成され、中観派と呼ばれています。この学派は『中論』を中心にして、中道を研究する学派です。ラーフラバドラ（二〇〇―三〇〇年ごろ）の後は不明ですが、五世紀に仏護《ぶつご》（四七〇―五四〇年ごろの人）が現れて、インドの中観派《ちゅうがんは》を盛んにしました。

しかしそれを見る前に、インド仏教の中国への伝来を見ておきたいと思います。中国には後漢の明帝の永平一〇年（六七）に仏教がはじめて伝わったといいます。仏教は老子の教えと合致点があると考えられ、宮中では黄帝・老子と並んで仏陀が祀られたといいます。その後西紀一五〇年ごろに安息の安世高と月氏の支婁迦讖とが洛陽に来まして、安世高は小乗経典、支婁迦讖は大乗経典を訳しました。その後インドや西域から多くの訳経僧が中国に来まして、翻訳経典も多くなりましたが、しかし訳文が難解でなかなか中国人には理解されませんでした。しかし鳩摩羅《くまら》什《じゅう》（三四四―四一三年ごろ）が弘始三年（四〇一）に長安に来て、『般若経』や『法華経』・『阿弥陀経』・『中論』・『大智度論』等をはじめ、多くの大乗の経論を翻訳しました。羅什の翻訳は、意味が明瞭で、文章が美しく、これによって、はじめて中国人は中国訳の翻訳経典で仏教を理解することができるようになりました。

とくに中国仏教に大きな影響を与えたのは、羅什の訳した『法華経』や『般若経』、『阿弥陀経』、『維摩経』等の経典と、『中論』・『大智度論』・『成実論《じょうじつろん》』等の論書でした。なかでも『法華経』は中国・日本の仏教で最も尊崇せられ、また多数の人に読まれた経典でして、大きな影響を与えました。さらに『中論』と『大智度論』は、天台宗や三論宗の教理の基礎となった論でありまして、華厳宗の成立にも重要な役割を果たしています。天台宗と華厳宗の教理は、中国・日本の仏教思想の根幹をなしておりまして、浄土教や禅宗・真言宗等の教理の理解にも必要であります。その意味で、鳩摩羅什が中国仏教の発展に果たした役割は考えられないほどに大きかったわけです。

さてインドの中観派の発展について述べますと、中観派は仏護以後にも大きな発展をとげました。そしてインド仏教の重要な流派となっています。仏護より少しおくれて中観派に清弁《しょうべん》（四九〇—五七〇ごろ）が現れました。仏護と清弁とは、それぞれ龍樹の『中論頌』に注釈を著わしましたが、清弁の解釈は仏護と異なっていましたので、清弁は仏護の『中論』解釈を批判しました。

しかしその後、仏護の系統に月称《げっしょう》（六〇〇—六五〇年ごろ）が現れまして、仏護の説を弁護し、清弁の説を排撃しましたので、ここで中観派は仏護の系統と清弁の系統とに分裂しました。仏護の系統の月称には『プラサンナパダー』という『中論』の注釈がありまして、梵文の原典が伝えられています。そのために西洋や日本の仏教学者は競って、この月称の『中論』註を研究しました。この月称の『プラサンナパダー』は難解な書物ですが、それだけに研究の仕甲斐もあるわけでして、昭和時代のインド大乗仏教の研究は、この『プラサンナパダー』の研究に代表されたと言ってもよい程です。

しかし月称の攻撃した清弁の著作は、チベット訳が主でしたので、なかなか研究が進みませんでしたが、最近は梵文の原典も利用できるようになり、仏護や清弁の中観思想も明らかになってきました。清弁の系統をスワータントリカ派といい、仏護・月称の系統をプラーサンギカ派と呼んでいます。般若の空の思想は言葉で表現することはできないと考えるのが、プラーサンギカ派の主張です。そのために空の思想を「否定」を手掛りにして示そうとします。即ちこれは、「破《は》邪即顕正《じゃそくけんしょう》」の立場です。空の立場は言葉で表現できないとしたら、「破邪」以外に「顕正」はないからです。

これにたいして清弁は、否定だけで空の思想を示すのは十分でないとして、言葉を上手に用いれば、言葉によって空の立場を何程か示しうると考えるのです。これは「破邪顕正」と言っても、破邪によって相手の立場を徹底的に破斥して、そのあとに「顕正」があると考えるのでしょう。これは「維摩の一黙」をどうとらえるかの問題と同じでして、その沈黙を、最後は沈黙以外にないということを、言葉で表現しなければ「沈黙」の意味が示されないというジレンマがあると思います。

ともかく中観派は、「悟りの究極」を取り扱っていますので、清弁や月称以後にも盛んになりまして、中観派そのものにも多くの有名な論師を輩出しました。同時に新しく現れた密教の教理の中にも深く浸透し、その教理の中核となっています。

第二十三回

大乗仏教の歴史 二

前回に大乗仏教は紀元前後のころに現れたこと、それにつれて種々の大乗経典が世に現れたこと、さらに龍樹が現れて、大乗経典の思想を体系的にまとめ、大乗仏教に種々の流れのあることを明らかにしたこと、以上の如き諸点を述べました。とくに龍樹の著わした『中論』の研究が中観派として発展し、インドの大乗仏教の大きな流れになったことを申し上げました。今回はこの中観派と並んで、インド大乗仏教のもう一つの学派である瑜伽行派を中心にして、大乗仏教の発展について述べたいと思います。

中国の旅行僧義浄《ぎじょう》（六三五―七一三）は、六七一年から六九五年までインドのナーランダー寺に滞在しました、彼は『南海寄帰内法伝《なんかいききないほうでん》』に、当時のインド仏教を次のように伝えています。すなわち当時のインドには部派仏教と大乗仏教とが並びおこなわれていたと言っています。そして部派仏教は多くの部派に分かれていましたが、「大綱は唯だ四なり」といいまして、四つの部派が有力であったといいます。その四部とは、大衆部《だいしゅぶ》・上座部・説一切有部・正量部《しょうりょうぶ》の四部であります。そしてそれぞれ「十万頌」ずつの経蔵・律蔵・論蔵の「三蔵」を伝持していたといいます。十万頌といいますと、漢訳しますと二五〇巻くらいになりますから、三蔵全部で七五〇巻という大部の経論になります。

　四部派の三蔵のうち、大衆部の三蔵はほとんど漢訳されませんでした。上座部の三蔵も翻訳されませんでしたが、これはパーリ語の三蔵として、スリランカやミャンマー、タイ国等に伝持されていまして、明治以後日本にも伝えられて、盛んに研究されています。説一切有部の論蔵は、玄奘の努力によって、その大部分が漢訳されまして、仏教研究の貴重な根本資料になっています。経蔵のうちでは漢訳『雑《ぞう》阿含経』や『中阿含経』は、説一切有部の伝持したものです。なお義浄の訳した『根本説一切有部律《こんぽんせついっさいうぶりつ》』は二百巻近くありますが、これは根本説一切有部の伝持した律蔵を翻訳したものであります。なお正量部の三蔵も中国にはほとんど翻訳されませんでした。若し正量部の三蔵が現存していますと、部派仏教ならびに大乗仏教の未知の部分が明らかにされると思うのでして、パーリ三蔵の発見にもおとらない貴重な資料であると思いますが、『三弥底部論《さんみていぶろん》』や『律二十二明了論《りつにじゅうにみょうりょうろん》』など、僅かな論が残っているにすぎないのです。

　説一切有部は中インドから北インドに盛んでありましたが、比較的古い時代に教団としても勢力があり、独創的な教学を展開しました。有部の刹那滅の理論などは大乗仏教にも大きな影響を与えています。これにたいして正量部は「補特伽羅《プトガラ》」というアートマンに似た主体を認めましたので、はじめは説一切有部に押されて勢力がなかったのです。しかし大乗仏教に如来蔵や仏性・阿頼耶識など、アートマンに似た概念が導入されたのと同時に、部派仏教でも正量部の補特伽羅説は有力になりまして、説一切有部に取って代って、インドの部派仏教は正量部が中心になったようであります。とくに西インドで正量部の勢力が強くなっています。例えば仏陀の初転法輪の聖地の鹿野苑《ろくやおん》は、もとは説一切有部の大僧院でありましたが、玄奘がインドを訪れたころには、正量部の僧院にかわっております。おそらく正量部の論蔵には新しい思想が多く盛られており、大乗仏教の教理の解明にも役立つ点が多いと思うのですが、失われてしまったのはまことに残念なことです。

さいきん大衆部の律典の梵本がいくつか発見され、公刊されていますので、これを漢訳の『摩訶僧祇律《まかそうぎりつ》』と比較研究してみますと、大変興味深く、また得るところが多いのであります。しかし大衆部の経蔵や論蔵はほとんど残されておりません。大衆部や上座部は南インドに盛んでありました。そしてスリランカは長い歴史の展開の中では、大乗仏教もおこなわれ、密教も盛んでありました。とくに不空《ふくう》（七〇五―七七四）は、スリランカで多数の密教経典を入手し、中国に来て翻訳しています。故にスリランカにはその当時は密教も盛んであったのです。しかし大乗仏教を受容した無畏山寺が、上座部の仏教を伝持する大寺に圧倒されて、衰微してしまいましたので、現在のスリランカは上座部一色の仏教となっています。しかしパーリ語の三蔵や、原始仏教以来の清純な戒律仏教がスリランカに伝持されてきましたことは、釈尊の仏教を知る上に大変貴重なことであります。

以上、部派仏教つまりインドの小乗仏教の説明がながくなりましたが、大乗と小乗の関係について義浄は、「この四部のうち、大乗・小乗の区分不定なり」といいまして、大乗と小乗は戒律については同じであり、さらに大小ともに通じて四諦を修行するが、そのなかでとくに菩薩を礼拝し、大乗経を読む者は大乗であり、これをなさないものは小乗であると言っています。「両者にはこれだけの違いがあるにすぎない、そして大乗といっても中観と瑜伽の二派だけである。中観は、俗諦は有、真諦は空であると説き、諸法の体は虚であり、幻の如くであると説く。これにたいして瑜伽は、外界は無で内界だけが有であり、すべて唯識であると説いている。このように両者の説くところは異なるが、しかし共に聖教にしたがって説を立てているのであるから、いずれを非、いずれを是ということはできない。両者の教えは、共に涅槃にかない、その目的は、煩悩を断除して、衆生を救済せんとするにある」と説いています。

以上のように七世紀ごろのインド仏教は、大乗小乗の区別もはっきりせず、小乗仏教の部派は四部、大乗仏教は中観派と瑜伽行派との二派があったわけであります。しかしそれだから大乗小乗の区別が最初からはっきりしていなかったというわけではありません。七世紀といえば、大乗仏教が起こってから七百年もすぎていますから、その間に大乗仏教も次第に部派仏教に近づいていったものと考えられます。

ともかく大乗仏教の歴史のうち、中観派のことは前回述べましたので、ここには瑜伽行派について申し上げます。瑜伽行派は瑜伽（yoga）を実践する学派の意味です。ヨーガは精神を統一する行法でして、実質的には禅（dhyāna）と異ならないのです。但し語義からいいますと、ヨーガとは「結びつける」という意味が原意でして、心を対象に結びつけ、対象を専ら念ずることになりますから、神を専念することがヨーガになります。その点では神秘主義的な性格がありますが、さきにも言いましたように、原意に捉われないで、禅と同じ意味に用いられています。

瑜伽行派は禅定に専念することから、唯識の教理を考え出したものと思います。唯識の教理には阿頼耶識を中心として唯識を説く縁起門の唯識と、三性説によって唯識を説く三性門の唯識と、もう一つは禅定の実践から唯識をさとる影像門の唯識とが説かれています。瑜伽行派という名前は、影像門の唯識と関係が深いわけです。

唯識の教理がどのようにして成立したか、不明な点が多いのでありますが、唯識を説く最も古い論書は『瑜伽師地論』であります。しかし『瑜伽論』は漢訳で百巻もありまして、大部な論書であります。漢訳では弥勒菩薩の造となっていますが、チベット訳では無著《むじゃく》の著作となっています。学界では無著作と見る説が有力ですが、しかしその意味は、無著がそれまで説かれていた瑜伽行に関する諸説をまとめたものという意味で、無著の編著という意味に解されています。しかしそこには無著の意見も加えられていると見てよいわけです。そして弥勒は兜率天に住する弥勒菩薩を指すにせよ、あるいは実在の論師を指すにせよ、一人だけで唯識の教理を組織したのではなく、多くの菩薩たちの解釈が『瑜伽論』に凝集されているのであろうと見られています。ともかく唯識の教理については弥勒・無著・世親《せしん》の三人の名が知られていますが、弥勒以前にも多くの論師が存在したと考えてよいと思います。そして無著と世親は実在の人物であると認められています。

無著と世親の生存年代も異説が多いのでありますが、中国に翻訳せられた唯識系の経論の翻訳年代から考えて、無著は三一〇年から三九〇年ごろ、世親は三二〇年から四〇〇年ごろと見る説と、無著は三九五年から四七〇年ごろ、世親は四〇〇年から四八〇年ごろと見る説などがあります。中国へ翻訳せられた経論の年代との関係で見ますと、前者の説の方がよいのですが、世親の後をついだ学者の陳那《じんな》や護法《ごほう》、安慧《あんね》などの年代とのつながりを考えると後者の方が好都合のように思います。ともかく無著は四世紀から五世紀ごろに生存し、唯識説を大成したのであります。

唯識を説く経典としては『解深密経』が有名ですが、この経は『瑜伽師地論』に全部はいっています。もう一つ『大乗阿毘達磨経《だいじょうあびだつまきょう》』も有名ですが、この経は中国にもチベットにも翻訳されませんでした。しかし無著の『摂大乗論《しょうだいじょうろん》』はこの経の摂大乗品の注釈であると言われています。そして無著の著作のあとに、世親が弥勒や無著の著作に注釈を書き、さらに唯識論を著わして、唯識説を大成しました。これは三十偈の偈文からできていますので、唯識三十頌とも言われていま す。これに護法等の十大論師の注釈が著わされまして、玄奘がそれらを将来し、護法の注釈を中心にして『成唯識論』十巻を訳出しました。これが中国日本の唯識研究の根本聖典となっていま す。さらに『唯識三十頌』にたいする安慧の注釈が梵文で残っております。世親以後の唯識仏教は陳那・護法と安慧とによって代表されますが、陳那によって因明が唯識思想に導入され、その後法称等によって因明研究が大発展をしました。それにつれて唯識仏教も変容を受けました。さらに唯識と中観との結合も企てられ、或いは密教思想にも導入されまして、唯識仏教は複雑な発展をとげつつ、インド仏教の滅亡に向かっていきました。

第二十四回　大乗思想とは

世間では「大乗的見地に立って、小異を捨てて大同につく」などと言います。これは小事に拘《こう》泥《でい》しないで、大局のために事を決することを言うのです。大乗仏教には、このように「小事に拘泥しない」とか、「大局的立場に立つ」というような意味があると思います。

とくに『法華経』にそういう思想がはっきり現れています。『法華経』には「会《え》三帰一」といいまして、それまでの大乗仏教で、声聞乗・縁覚乗・菩薩乗は、それぞれ別であると考えていたのを変えまして、これらの三乗は同じ一乗仏教であることを明らかにしています。すなわちそれまでの大乗仏教では、声聞乗・縁覚乗・菩薩乗は、教理も異なっており、その教理を実行する修行の心構えもちがっており、したがって修行の結果得られる「悟りの果」も、それぞれ別であると主張していました。とくに声聞乗の修行者は自利のみを考えており、こころざしが卑しく、衆生を救済せんとする大悲の心を欠いていると非難していました。しかし「小乗」を捨ててしまうようでは、真の大乗とは言えないわけです。この点に気がついたのが『法華経』です。

『法華経』では、すべての人が成仏できると主張しています。その根拠は、すべての人に「仏性」があるからです。誰でも自己に仏性があることを信じて、修行をすれば成仏できるという意味です。『法華経』には、まだ「仏性がある」とはっきり言ってはいませんが、「仏の子である」という思想があります。舎利弗が『法華経』の会座《えざ》で、仏の説法を聞いて、仏陀の大慈悲を理解しまして、「自分も仏子である」との理解を持ちました。仏の子であれば、成長して「法王子」となり、灌頂を受けて、仏の位につくわけです。そのために、舎利弗が「仏子」の信念を持ったときに、釈尊は、舎利弗が将来「華《け》光《こう》如来」という仏陀になるであろうとの「当来作仏」の記を授けられたのです。これを「声聞作仏」といいまして、それ以前の大乗経典では説かなかったことであります。このように『法華経』には、「声聞でも成仏できる」という教えが示されておりまして、誰でも自己に仏性があることを信じて、その仏性を成長発展させ、成仏を実現するために努力することが「仏教」であると示しているわけです。このように声聞・縁覚・菩薩の区別なく、すべての人が「成仏」のための修行をするとすれば、「教えは一つ」でよいわけです。この「教えは一つである」という考えを、「一乗」というのであります。

「一乗」とは、「一つの教え」という意味でして、「三乗」が、仏の教えは三種類あると見るのにたいして、三種類あると見るのは方便であり、仏の真意は、成仏の教え一つだけ説いたのだと見ているのです。この、三乗と見るのは方便であり、一乗と見るのが真実であると解釈するのを、「三乗を会して、一乗に帰する」というのです。三乗を捨てないで、拾い上げるのです。このように一乗の思想は、三乗を一乗に引き上げる広い立場を持っていますので、一乗こそ大乗であるという思想がありまして、「一大乗」とか「一仏乗」というのです。

このように一乗という思想は『法華経』になって、はじめて現れた思想でありまして、それ以前の『般若経』や『維摩経』、『阿閦仏国経』などにはまだ現れていません。しかし「一乗」という言葉は、『般若経』にも出ていますので、『法華経』とはちがう意味で、「一乗」の語が用いられていたわけです。『般若経』には、たとい地獄に落ちることがあっても、声聞乗や縁覚乗に堕《だ》してはならないと言っています。地獄に落ちても、再びこの世に生まれてきて、菩提心をおこして、成仏のために修行することができる、しかし声聞乗・縁覚乗に堕してしまうと、自利の修行だけをして、無余依涅槃に入ってしまって、永久に成仏の機会を失うというのです。このように声聞・縁覚を否定する思想が、『般若経』や『維摩経』等に強調されていますから、三乗を総合して一乗に誘引するという一乗の思想は、『法華経』になってはじめて成立したと見てよいのです。

しかし「大乗」という思想は、『般若経』や『維摩経』等にも現れています。故に「大乗」という思想は、『法華経』より以前からあったわけです。したがってその「大乗」の内容は、一乗とはちがう思想であったわけです。大乗経典のうちで、最も成立の早いのは『般若経』でありますが、その『般若経』の中でも最も成立の古い『道行般若経』に「摩訶衍《まかえん》」という言葉がありまます。これは「大乗」という意味です。『道行般若経』は大乗仏教の最初の経典ですから、それ以前に大乗の経典があったのではありません。したがってこの『道行般若経』で、はじめて大乗の思想が示されたわけです。それ故、『道行般若経』の意味している「大乗」は、『道行般若経』自身の示している大乗思想であるわけです。

それならば『道行般若経』では、何を大乗と言っているのかといいますと、般若波羅蜜を大乗と言っているのであります。『般若経』は、般若波羅蜜を発見したので、それをそれまでの仏教と区別するために、「大乗」と呼んだのであろうと思います。「般若」とは、釈尊の悟りの「智慧」を指すのです。そしてそれを実現する「修行道が波羅蜜《パーラミター》であります。すなわち、般若教徒は自らの発見した「般若実現の修行道」を「般若波羅蜜」と呼び、これを「大乗」と名づけたのです。なお「波羅蜜」の語義は「完成」という意味です。

ともかく「大乗」といいましても、いろいろな意味があるのでして、ここでは仏の悟りを「大乗」というわけですが、般若教徒はこれを「般若波羅蜜」に名づけ、『法華経』では「一乗」を大乗と呼んでいるのです。したがって「大乗仏教」というきまったものがあるわけではないのです。すなわち私共は、いまから一千年以上前に、インドに現れた多数の大乗経典を見ておりますので、それらの大乗経典に説かれている教理を総合して、それを大乗仏教とか大乗思想と理解しているのですが、しかし実際に大乗経典を述作していた菩薩たちは、自己の著わした経典の中に示された思想こそを、「大乗」であると主張せんとしていたのであろうと思います。

例えば『勝鬘経』には、「摂受正法」は「波羅蜜」であり、「大乗」であると言っています。そしてさらにこれは如来の「法身」であると説いています。さらにこれを「一乗」であるとも説いています。『勝鬘経』は『般若経』や『法華経』のあとを継いで現れた経典でありますので、それらの思想を受けついで、さらにその上に、この経の説く如来蔵の思想を、大乗仏教の正系に位置づけようとしているのであろうと思います。すなわち『勝鬘経』では「摂受正法」ということを重視していますが、その「正法」とは仏性のことでして、すなわち自己に仏性がそなわっていることを信じ、片時も忘れないことを「摂受正法」と呼んでいるのです。すなわち自己に仏性があることを信じて修行することが、摂受正法であり、大乗であり、波羅蜜の修行であるという意味です。しかし般若の智慧といいましても、凡夫には知られないのですから、それが自己の心中に「仏性」として内在していることを信ずることが、何より大切であると考えるわけです。そしてその仏性を摂受して、一刹那も忘失しないのが「摂受正法」であり、大乗の実践であるというのです。「正法」には、「正しい教え」という意味もありますが、「法」とは真理のことでして、真理を仏教では「真如」といいます。この真如が自己の人格と一つになっているのが「仏性」であるわけです。『般若経』では般若波羅蜜を大乗と言っていましたが、般若波羅蜜は悟りの智慧と同じですから、これを仏性とも言うことができます。しかし仏性は、凡夫においては煩悩にかくされていますので、これを如来蔵というのです。そしてこれは自心の中に見ることはできないのですから、あることを「信ずる」だけです。それが「摂受正法」の意味であります。そして『勝鬘経』ではこれを「大乗」とも呼んでいるのです。

これと同じ思想的立場に立っているのは『大乗起信論』であります。『大乗起信論』とは、大乗に信を起こす論という意味です。この場合の「大乗」とは、大乗仏教の意味ではないのでして、「衆生心」を大乗と言っています。「衆生心」とは、衆生の心、すなわち「凡夫の心」の意味です。われわれ凡夫の心に、仏陀になりうる力がそなわっています。その力を『起信論』では「無量の性功徳を具足する」と言っています。性功徳とは、変わらない性質という意味です。私共の心には、いまは力を現していませんが、磨けば光をあらわす玉のように、すぐれた素質がかくされています。その、心にそなわる偉大な性功徳を「大」というと述べています。しかも私共の心には、努力と修行とによって、この性功徳を切磋琢磨《せっさたくま》し、成仏にまで私共を運んでくれる「力」がそなわっています。この「迷いから悟り」へ私共を運ぶ力を「乗」といいます。つまり私共の心には、無量の性功徳としての「大」と、成仏にまで自己を高める「乗」との「二つの力」があるのです。そのためにわれわれの「衆生心」を「大乗」というのであると示しています。そして衆生心における「大乗」は、現実の私共には知られていませんが、しかし、大乗が自己の心にそなわることを信じて努力する必要があるのでして、そこに「人生の真の目的」があると言わんとするのが、大乗起信論を著わした著者の目的であります。即ち「大乗に信を起こさしめる論」という意味であります。

以上のように、仏教において「大乗」とは、単に「大乗仏教」という意味だけでなく、いろいろな意味があるのでして、そのなかでもとくに、仏の悟りの智慧（般若）や、仏性・如来蔵等を「大乗」と呼んでいる経典があることは注目すべきであると思います。大乗の菩薩たちが、大乗経典を著わして、人びとに示さんとした目標がそこにあると思うからです。

本書は『在家仏教』二〇〇一年一月号から二〇〇二年一二月号までに掲載された連載『大乗仏教のこころ』を書籍化したものです。

平川　彰（ひらかわ　あきら）
1915　愛知県生まれ
1941　東京帝国大学文学部印度哲学梵文学科卒業
1960　文学博士（東京大学）
1962　東京大学教授
2002　3月31日没

大乗仏教《だいじょうぶっきょう》のこころ

2021年9月6日　初版第1刷発行

著　者　平　川　　彰
発行人　石　原　大　道
印　刷　三協美術印刷株式会社
製　本　東京美術紙工協業組合
発行所　有限会社　大　法　輪　閣
〒150-0022 東京都渋谷区恵比寿南 2-16-6-202
TEL 03－5724－3375（代表）
振替 00160－9－487196 番
http://www.daihorin-kaku.com

　ISBN978-4-8046-1434-2　C0015